전도소그룹
열린모임

전도소그룹 열린모임

초판 1쇄 발행 2009년 6월 1일

지은이 | 김 만 홍
펴낸곳 | 예지서원
주소 | 부천시 원미구 상동 533 - 8 대림타운 601호
전화 | (032) 328 - 4272, (032) 322 - 1564
등록 | 2005. 5. 12. 제 387-2005-10 호

ⓒ 김만홍 2009

ISBN   978-89-93387-04-9 03230
정가 6,000원

공급처 : 하늘유통 031-947-7777

전도소그룹
열린모임

김만홍 지음

예지서원

서문

전도는 잃어버린 영혼을 지옥으로부터 구출하기 때문에 모든 그리스도인은 놀라운 기대감을 가지고 흥분하며 열정적으로 복음을 전하려고 노력한다. 그러나 준비 없이 사람들을 만나 복음을 전하다가 거절을 당하게 되면 낙심하게 된다. 하나님은 모든 그리스도인에게 온 세상에 복음을 전하라는 사명을 주셨다.

그러나 우리가 전도를 생각하면 부담감과 심한 죄책감을 느낀다.

왜 그럴까? 전도를 해야 한다는 사실을 알고 있지만 전도의 은사가 없다고 생각하기 때문이다. 전도를 하다가 상대방이 무엇을 질문해 와도 모든 것을 성경으로 자신 있게 대답해 줄 수 있는 체계적인 성경지식이 없기 때문이다.

그리고 불신자를 효과적으로 다룰 수 있는 기술도 없기 때문이다.

그래서 우리는 누구나 전도에 대한 부담감을 가지고 있다.

그러나 전도를 위해서 어떤 특별한 기술을 습득할 필요는 없다.

복음을 전하는 것은 어떤 심오한 기술이 요구되는 일이 아니다.

전도의 은사가 없어도 누구나 부담 없이 참여할 수 있는 전도시스템이 있기 때문이다. 우리는 여기서 전도소그룹 열린모임이 필요한 이유를 발견하게 된다.

　전도소그룹 열린모임은 누구나 참여할 수 있는 효과적인 전도 방법이다. 열린모임은 성도들이 생활 가운데서 자연스럽게 불신자와 관계를 맺어 불신자를 전도소그룹에 초대하여 복음을 전하는 것이다.

　성도들이 전도하기 위해서 첫 주에 전도 대상자를 베스트로 선정한다. 그리고 자연스럽게 관계를 맺기 위해 차 마시기, 선물 주기, 식사하기 등 작은 일들을 실천해 나간다.

　불신자가 전도소그룹 열린모임에 초대되어 단번에 예수 그리스도를 영접하고 구원을 받는 것은 아니다. 그래서 12주 열림모임에서 처음 4주는 성도들이 전도소그룹의 원리를 배우고 관계 맺기를 실천하여 5주째부터 베스트가 초대되어 마지막 11주까지 7번 참여하여 그 동안에 복음에 반응을 할 수 있도록 기회를 주는 것이다.

　대부분의 불신자들은 단번에 예수 그리스도를 받아드리지 않는다. 그러므로 우리의 할 일은 우리가 만나는 모든 사람이 현재의 상태에서 예수님께 한 걸음 더 나아가도록 돕는 것이다. 그러므로 전도는 하나의 과정이기 때문에 인내심이 필요하다.

불신자를 한순간에 구원시키려고 해서는 안 된다.

이제 전도소그룹 열린모임을 이해하고 실천하므로 영혼들을 하나님께로 인도함으로 하나님께 영광을 돌리게 되기를 소망한다.

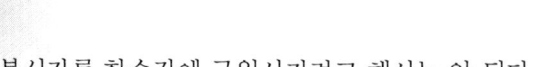

전도소그룹 열린모임은 12주로 진행하기 때문에 1년에 3번 진행한다.

첫째, 1월부터 3월까지 12주 동안 첫 번째 진행하고, 4월은 쉰다.

둘째, 5월부터 7월까지 12주 동안 두 번째 진행하고, 8월은 쉰다.

셋째, 9월부터 11월까지 12주 동안 세 번째 진행하고, 12월은 쉰다.

그러므로 다음과 같이 이 교재를 활용할 수 있다.

1월부터 3월까지 12주 동안 진행할 때 1주부터 4주까지 이 교재의 1장부터 4장까지 함께 나눈다. 그리고 5주부터 11주까지는 초대된 베스트에게 열린모임 실행 교재로 복음을 전한다.

그리고 12주는 베스트를 행복나눔 축제가 열리는 교회로 초대한다.

그리고 5월부터 7월까지 12주 동안 열린모임을 진행할 때 처음 4주 동안 이 교제의 5장부터 8장까지 함께 나눈다.

그리고 9월부터 11월까지 12주 동안 열린모임을 진행할 때 처음 4주 동안 이 교재의 9장부터 12장까지 함께 나눈다.

목차 | Contents

서문 | 4

1. 전도소그룹 열린모임은 21세기의 전도운동이다. | 9
2. 전도소그룹 열린모임은 소그룹 전도운동이다. | 19
3. 전도소그룹 열린모임은 12주 과정의 전도운동이다. | 31
4. 전도소그룹 열린모임은 관계 맺기 전도운동이다. | 49
5. 전도소그룹 열린모임은 삶으로 전하는 운동이다. | 63
6. 전도소그룹 열린모임은 순종으로 전하는 운동이다. | 81
7. 전도소그룹 열린모임은 그리스도인의 사명이다. | 95
8. 전도소그룹 열린모임은 하나님의 부르심이다. | 103
9. 전도소그룹 열린모임은 하나님의 소원이다. | 113
10. 전도소그룹 열린모임은 담대하게 전하는 운동이다. | 131
11. 전도소그룹 열린모임은 탁월하게 전하는 운동이다. | 139
12. 전도소그룹 열린모임은 은혜롭게 전하는 운동이다. | 155

1

전도소그룹 열린모임은
21세기의 전도운동이다.

사실 우리 그리스도인은 불신자에게 전혀 다른 문화를 가진 세상과 하나님 나라를 이어주는 다리가 되어야 한다.

하나님의 역사하심 가운데 전 세계의 전도의 방법이 서서히 변하고 있다. 따라서 21세기에 맞는 전도의 대안은 전도소그룹 열린모임이다.

특별히 21세기에 맞는 적절한 전도의 대안은 불신자와 신자가 함께 하는 건강한 공동체의 전도소그룹 열린모임이다.

혼자서 사람들에게 복음을 전하는 것이 아니라 전도소그룹 공동체가 함께 기도하고, 불신자와 관계 맺기를 통해 예수 그리스도의 사랑을 실천하고, 상대방을 존중하며 사랑과 돌봄으로 섬기는 공동체이다. 전도소그룹 열린모임은 복음이 이 시대에 어떤 모습으로 나타내야 할지를 보여준다. 이 시대는 복음이 단번에 이루어지는 것보다 그리스도인의 공동체의 삶 속에서 복음을 드러내야 한다. 나와 아무런 관계가 없는 사람에게 전하는 것보다 관계를 맺어 그 관계를 통해 복음이 흘러들어가야 한다. 예수 그리스도의 복음은 어떤 시대나 문화에서든지 적용될 수 있다. 복음은 인간의 모든 문제를 해결하신 예수 그리스도의 십자가의 승리이기 때문이다. 이러한 복음만이 이 시대의 진정한 소망이다.

사실 우리가 살고 있는 오늘의 21세기는 너무나 많이 변했다.

우리는 이러한 변화에 민감해야 한다. 그러므로 모든 그리스도인들이 부담 없이 함께 할 수 있는 전도 방법이 필요한 것이다. 모든 평범한 그리스도인들이 함께 지속적으로 실천할 수 있는 방법을 선택해야 한다. 많은 교회들이 전도에 관한 메시지도 전하고, 강하게 도전하고 있지만 성도들이 전도를 적극적으로 실천하지 못하고 있다.

전도를 효과적으로 수행하지 못하는 이유가 무엇인가?

어떻게 하면 보다 많은 그리스도인들이 전도에 동참할 수 있는가? 어떻게 하면 세상의 수많은 영혼들에게 보다 의미 있게 접촉할 수 있는가?

여기서 강조하는 것은 복음의 내용이 아니라 전도 방법이다.

아무리 세월이 흐르고 사람들이 달라져도 복음의 내용은 결코 변할 수 없기 때문이다. 과거 신약시대에도 그리고 과학이 고도로 발달한 21세기에도 동일한 복음의 내용으로 구원을 받는다. 그러나 과거 신약시대의 사람들과 오늘의 21세기의 사람들은 너무나 많이 달라져 있다. 그러므로 복음의 내용은 바꿀 수 없지만 전도대상자가 다르므로 전도의 방법은 바꾸어야 한다. 우리가 전도의 방법을 오늘 21세에 맞는 적절한 방법으로 바꾼다면 새로운 차원의 전도가 시작될 수 있다.

전도소그룹 열린 모임은 이런 관점에서 필요한 전도방법이다. 따뜻하고, 사랑이 넘치며, 가족 같은 분위기가 있고, 복음의 능력을 체험할 수 있는 전도소그룹이다. 전도소그룹을 통해 불신자와 관계를 맺고, 전도소그룹 안에서 함께 만남을 자주 가지며, 사랑을 실천함으로 복음이 흘러가는 것이다.

21세기 시대에 전도에 대한 잘못된 신화 세 가지 있다.

첫째로 전도는 모르는 사람에게 하는 것이다.

둘째로 전도는 혼자 하는 것이다.

셋째로 전도는 단번에 끝장을 내는 것이다.

이 세 가지 방법들은 과거에 사용했던 방법이다.

이제 21세기에는 새로운 차원으로 생각해야 한다.

첫째로 전도는 모르는 사람에게 하는 것이 아니라

전도는 관계 맺기 운동이다. 복음을 모르는 사람에게 전하는 것이 아니라 전도소그룹을 통해 관계를 맺고, 그 관계를 통해 복음이 상대방에게 흘러가게 하는 것이다.

둘째로 전도는 혼자 하는 것이 아니라

전도는 소그룹으로 함께 한다. 전도소그룹 안에서 함께 기도하고, 서로를 격려하며 함께 복음을 전한다. 전도는 혼자서 하는 낚시보다는 함께 그물을 치는 것과 같다.

셋째로 전도는 단번에 끝장을 내는 것이 아니라

12주로 과정으로 한다. 단번에 복음을 전하여 그 영혼이 구원을 받도록 인도하기 보다는 먼저 전도소그룹 열린 모임 안에서 관계를 맺고 친숙해 진 다음에 지속적으로 복음을 전하므로 그 영혼이 구원을 받고 열매가 보존되어 교회에 정착하게 된다. 그래서 전도소그룹 열린 모임을 통해서 전도대상자가 복음을 받아드리면 교회에 정착하는 퍼센트가 높다. 열린 모임을 통해 전도하는 교회들은 그 정착하는 비율이 평균 70%나 된다. 그러므로 21세기에는 전도소그룹 열린 모임을 통해서 복음을 전해야 한다.

선교사이며 컨설턴트인 드와잇 마블은 국제 NCD 대표 크리스천 슈바르츠와 크리스토퍼 그리고 짐 애글리와 함께 전도의 메커니즘을 연구한 결과 전도소그룹 시스템을 발견했다.

이 원리는 4단계로 진행된다.

첫째, 전도 대상자인 불신자를 위해 기도한다.

둘째, 전도 대상자인 불신자와 관계를 세운다.

셋째, 전도소그룹 안에서 함께 추수한다.

넷째, 전도 대상자들이 구원받고
　　　소그룹에 더해지므로 번식이 이루어진다.

첫째로 전도 대상자인 불신자를 위해 기도하는 것은

낯선 사람들에게 복음을 전한다는 전도에 대한 고정관념을 깨뜨리게 된다. 대부분의 경우 불신자들은 자신에게 관심을 가져주고 기도해주며 그리스도인의 삶의 본을 보여준 가까운 사람들에 의해 주님을 영접한다. 이것이 전도의 핵심원리이다. 누구나 그리스도인이라면 다양한 전도의 방법을 실천해 보았을 것이다. 처음에 전도하고자 하는 열망으로 사람들을 접촉했지만 상대방에게 거절당하고 자신에게 전도의 은사가 없기 때문에 전도를 실패했다고 낙심하고 다시는 전도하지 않겠다고 생각했을 것이다.

그러므로 전도하고자 하는 열망만 있다고 전도가 되는 것은 아니다. 모든 그리스도인이 아무 어려움 없이 따라할 수 있는 전도방법이 필요한 것이다. 전도소그룹은 전도의 은사가 없는 평범한 그리스도인이라도 누구나 지속적으로 실천할 수 있는 전도 시스템이다. 먼저 내가 정기적으로 만나고 있는 사람들 가운데 아직 예수 그리스도를 모르는 사람들의 이름을 베스트카드에 적고 매일 그들을 위해 기도하며 전도를 시작하는 것이다.

둘째로 전도 대상자인 불신자와 관계 세우기는

전도대상자를 베스트로 대하며 적극적으로 사랑하고 기도하면서 접근하여 관계를 세워나간다. 여기서 관계는 '복음이 건너가서 생명을 터치하게 하는 다리'이다. 이러한 관계를 세우기 위해서 불신자들과 함께 시간을 보내고 섬겨야 한다.

셋째로 전도소그룹에서 함께 추수하는 것은

혼자서 불신자에게 복음을 전하는 것이 아니라 자신이 소속된 전도소그룹이 팀워크를 이루어 함께 추수에 동참한다. 특히 이 부분에 성령 하나님이 역사하시도록 의뢰하는 것이 중요하다. 마치 어부들이 팀워크를 이루어 그물을 사용하여 많은 고기를 잡는 것처럼 전도소그룹의 가족들은 서로 협력해야 한다.

넷째로 번식하기는 전도소그룹에서 초청 잔치의 날을 정하고

그동안 관계를 맺은 불신자들을 초대하여 그들에게 복음을 전하는 것이다. 결국 구원받은 성도들이 늘어나면서 번식이 이루어져 교회는 성장하게 된다.

랄프 네이버는 「설교회 지침서」에서 전도소그룹을 소개한다.

첫째, 전도소그룹은 불신자들이 나눔과 기독교 진리를 경험할 수 있는 비공식적이고 편안한 모임이다. 둘째, 전도소그룹은 거절 당하거나 정죄 받지 않고 자신의 모습을 있는 그대로 보일 수 있는 신뢰의 분위기를 제공한다. 점차적으로, 그리스도인과 불신자 사이에 깊고도 지속적인 인간관계가 형성된다.

셋째, 전도소그룹에서 다른 사람의 도움과 사랑으로 문제를 해결할 수 있는 환경을 제공한다. 궁극적으로는 말씀을 근거로 한 해결책을 찾는다. 넷째, 전도소그룹의 구성원들이 자신들의 영적인 은사들을 조화롭게 사용하는 방법을 배울 수 있도록 특별한 조직을 구성한다. 다섯째, 전도소그룹은 능력과 수확의 원천으로서의 기도의 중요성을 상당히 강조한다. 여섯째, 전도소그룹은 결코 폐쇄적인 그룹이 아니고 항상 복음전도를 통한 성장을 추구한다. 그리스도의 몸 된 삶은 그리스도의 사랑을 나누고 구원을 제시하는 방법으로 사용된다. 일곱째, 전도소그룹은 주중 언제든지 모인다. 각 그룹이 자체 일정표를 정한다. 여덟째, 전도소그룹에서 주제는 연계성을 가지고 불신자들에게 발견되는 죄의 고통에 적용된다.

아홉째, 전도소그룹에서 불신자용 성경공부 교재를 그룹으로 활용할 수 있다. 열 번째, 전도소그룹은 연령별로 그룹을 만들거나 여러 부류의 사람을 같은 그룹으로 묶거나, 혹은 특수 그룹을 만들 수도 있다.

그러므로 열린 모임은 우리의 삶의 현장에서 3-4명이 팀을 이뤄 복음을 전하는 소그룹 전도운동이다. 그러므로 반드시 가정, 직장, 학교 등 삶의 현장에서 열린 모임을 열어야 한다. 그리고 서너 사람이 팀을 이뤄 전도하면 두려움과 같은 장애물을 극복할 수 있으며 지속적으로 할 수 있고, 은사가 없는 성도들도 전도할 수 있으며, 은사대로 섬길 수 있다. 교회 안에 전도의 은사가 있는 사람은 전체성도 중에서 10퍼센트에 불과하기 때문에 은사를 고려해서 팀을 편성하는 것이 효과적이다. 그리고 복음을 담대히 전해야 한다. 사람과 환경을 보지 않고 담대히 전하는 것이 정말 중요하다. 열린 모임을 열어 해야 할 것이 바로 이것이다. 먼저 전하는 사람이 복음을 누려야 한다. 불타는 사람 옆에 있으면 불이 붙는다. 성도들의 심령에 불을 당겨야 한다. 작은 불이 산을 태우듯이 전하는 자가 먼저 복음으로 뜨거워져야 한다.

열린 모임 실행 메시지는 가정의 문제, 건강의 문제, 물질의 문제, 예수 그리스도, 구원의 축복의 구조로 이뤄져 있다. 메시지를 보고 또 봐서 먼저 복음을 누리고 복음으로 충만해져야 한다. 비전이 뚜렷한 만큼 열매가 맺힌다. 세계적인 비전을 갖고 구체적인 목표를 세워야 한다. 모든 교역자들과 성도들이 항상 공통적인 기도의 제목을 가지고 같은 마음, 같은 뜻을 갖고 같은 말을 해야 한다.

그리고 열린 모임 인도자가 붙들어야 할 4가지가 있다.

'복음이란 무엇인가?, 구원이란 무엇인가?, 전도가 무엇인가?, 하나님께서 지금 무엇을 하고 계시는가?' 이 4가지는 열린 모임 인도자가 붙들어야 한다. "복음은 인생의 모든 문제를 해결하신 예수 그리스도 십자가의 승리이다. 구원은 복음으로 누리는 풍성한 삶으로 나타난다. 전도는 복음으로 다른 사람이 풍성한 삶을 누리도록 도와주는 것이다. 그리고 인도자는 하나님의 영혼 구원에 대한 간절함을 알아야 한다."

최소 출석 인원 6명 이상이 되었을 때 셀을 구성하고 3-4명을 묶어 한 팀을 구성해야 한다. 열린모임 구성은 셀 리더와 인턴이 각 열린모임의 리더가 되고 셀 가족과 새 가족으로 구성하는 것이 바람직하다. 새 가족 주위의 주변 인물이 50-70명이나 되기 때문에 새 가족이 전도의 눈이 된다.

■ 적용

열린 모임에 초청하기를 원하는 태신자 명단 7명을 적어보자.

내 주변 영향권에 있는 사람들 중 주중에 한 시간 이상 만날 수 있는 사람을 적는다. 실제로 전도가 되어 지려면 내가 만날 수 있고, 내가 다니는 교회로 인도할 수 있어야 한다.

여기서 새롭게 깨달은 것 중 개인적으로 적용하여 실천하고자 하는 것을 기록한 후 서로 나누어 보자. 나의 사역에 동역할 헌신된 일꾼이 될 사람을 찾아야 한다. 사명자와 일꾼을 찾아야 한다.

■ 기도

태신자 명단을 두고 하나님께 그들의 마음을 여시도록 함께 부르짖고 기도하자.

2

전도소그룹 열린모임은
소그룹 전도운동이다.

소그룹 전도운동은 인간관계에 초점을 맞춘다.

전도소그룹에서 인간 상호간의 아름다운 교제가 이루어져야 한다. 전도소그룹은 사랑의 공동체이다. 사실 많은 사람이 모이는 곳에서는 질적으로 풍성한 교제가 불가능하다. 따라서 서로 마음을 깊이 있게 나누고 서로의 필요를 채워주며 사랑을 나누는 진정한 교제는 소그룹에서 가능하다.

사람들은 누구나 진실한 교제를 그리워한다. 따라서 전도소그룹에 참석한 사람들은 한 가족으로서 아름다운 인간관계를 경험할 수 있다. 그러므로 상대방을 비판해서는 안 된다. 사람들은 비판하는 분위기 속에서는 움츠러들게 되며 사랑과 격려의 분위기 속에서는 좋은 관계가 지속될 수 있다.

그리스도인은 전도소그룹에 참여한 불신자들에게 따뜻함과 정성스런 반응을 보여주어야 한다. 그리고 그들의 말에 귀를 기울이고 순수한 관심을 가져야 한다. 그들이 자신에 대해 이야기 하도록 격려해야 한다. 그들이 기독교 신앙과 반대되는 생각을 이야기해도 그 자리에서 즉시 그들의 말이 잘못되었다고 정정해서는 안 된다. 우선 우리는 그들의 말을 들어 주어야 한다. 그들이 살아온 배경을 이해하고 그들을 존중해 주어야 한다. 우리는 전도자로서 우아하고 예의바른 태도를 가지고 그들과 논쟁을 해서는 안 된다.

전도소그룹에서 참된 만남이 이루어지도록 노력해야 한다. 전도소그룹에서 불신자가 기독교의 진리를 발견하는 방법이 있다.

그들은 이미 구원받고 삶이 아름답게 변화된 성도들의 관계 맺기와 진정한 섬김을 통해서 기독교의 진리를 경험한다. 그들은 구원받기 전에 성도들과의 만남을 통해 기독교의 진리의 참된 매력을 느끼고 경험할 수 있다. 따라서 성도들은 그들에게 복음을 전하기 전에 먼저 그들과 관계 맺기를 통해서 사랑하고 섬기는 가운데 참된 인간관계를 가져야 한다.

전도소그룹에 참여하여 함께 웃고 즐긴다.

전도소그룹으로 모였을 때, 처음의 어색함을 깨고 분위기 전환을 위해서 아이스 브레이크(ice-breakers)를 할 수 있다. 이것은 얼음 깨기의 의미로 간단한 게임을 통해 웃고 즐기는 것이다. 여기서 다양한 게임을 활용할 수 있다. 제로 게임, 삼육구 게임, 경마장 게임, 쥐잡기 게임, 브럭 게임, 디비디비 딥 게임 등 다양한 게임을 사용하되 벌칙은 게임에서 걸린 사람에게 고개를 숙이게 하고 가볍게 등을 두들겨 주는 것으로 벌칙이 너무 심하지 않아야 한다. 게임을 위한 게임이 아니라 어색함을 깨기 위한 게임이라는 것은 명심해야 한다.

웃음은 기쁜 빛을 얼굴에 나타내는 것이며, 입을 벌리고 소리내어 기뻐하는 모습이다. 하나님은 자신이 창조하신 인간에게 최고의 선물인 웃음을 주셨다. 동물에게는 웃음보가 없다. 우리가 매일의 삶에서 늘 웃으며 건강하게 살아가라고 웃음보를 주신 것이다. 그러므로 우리가 모든 상황에서 기뻐하며 웃을 때 그분은 우리에게 행복을 주신다.

　우리가 웃을 때 뇌 기능이 향상된다. 왜냐하면 웃음이란 뇌에서 발산되기 때문이다. 그러므로 즐겁고 따뜻한 분위기가 있는 전도소그룹에서는 뇌 기능이 발달한다. 웃음은 우리 몸에 있는 질병을 치유하기도 한다. 따라서 웃음은 명약이다. 우리가 진실로 기뻐하며 웃을 때 면역기능이 강화된다.

　따라서 병원에서는 웃음치료를 도입하여 사람들의 질병을 치료하고 있다. 웃음처방전은 병원에서 웃음을 주는 비디오를 보게 하며, 웃음을 주는 도서를 읽게 하고, 웃음을 주는 음악을 듣게 한다. 그리고 함께 모여서 호탕하게 그리고 신나게 소리 내어 웃게 한다. 병원의 웃음 치료사는 삐에르 분장을 하고 환자를 찾아가서 다양한 유머를 통해 웃게 만든다.

　참으로 신기한 것은 환자에게 심한 통증이 있을 때 웃게 만들면 그 순간 아픈 통증을 잊게 해주는 것이다. 웃음은 우리 몸의 혈액순환에도 도움을 준다. 한번 신나게 웃으면 막혔던 혈관도 뚫린다. 따라서 우리는 웃음이 생활화되어야 한다. 언제나 항상 밝고 화사하게 웃어야 한다.

　요즘 현대인에게는 웃음이 너무나 부족하다. 하루에 어린아이는 300번 정도 웃지만 성인은 일곱 번 정도 웃는다. 그러므로 웃음을 아끼지 말아야 한다. 웃음이라는 명약을 항상 우리 곁에 두어야 한다.

전도소그룹에서 복음의 능력을 체험한다

기독교의 진리는 반드시 교회라는 장소에서만 배우는 것은 아니다. 성경은 기독교의 진리를 배우는 다양한 장소를 소개하고 있다. 예수님은 기독교의 참된 진리를 산의 정상에서도 가르치셨고, 때로는 가정에서 가르치셨으며, 우물가와 바닷가 등 다양한 장소에서 가르치셨다. 따라서 전도소그룹은 주로 가정에서 이루어지며 그곳에서 기독교의 진리를 경험하게 된다.

전도소그룹의 가장 중요한 목표는 인도자와 성도들이 협력해서 주변의 불신자들을 섬기는 가운데 전도소그룹에 초청하여 함께 따뜻한 인간관계를 갖는데 있다. 전도소그룹에 참여한 불신자들은 그룹 안에서 그리스도의 사랑을 경험함으로 그들의 영혼이 구원을 받을 수 있다. 전도소그룹이 존재하는 목적은 이 일을 위해서 존재한다.

복음은 이해의 차원을 뛰어넘어 마음에 감동으로 다가와야 한다. 복음은 단순하게 귀로 듣는 것만이 아니라 몸으로 체험할 수 있어야 한다. 따라서 불신자들은 전도소그룹에 참여함으로 복음을 눈으로 목격하고 체험하여 자연스럽게 마음 문을 열고 예수 그리스도를 구세주로 받아드리게 된다.

전도소그룹에 훈련되고 준비된 성도들이 있다.

전도소그룹은 불신자와 성도들이 함께 모인다. 전도소그룹이 잘 이루어지려면 이 모임이 시작되기 전에 성도들이 먼저 준비되어 있어야 한다. 따라서 인도자는 전도소그룹에 불신자를 초대하기 전에 먼저 준비해야 한다. 전도소그룹의 목적은 복음을 전하는 것이다. 따라서 성도들은 모임에 참여한 불신자들을 사랑하고 섬겨야 한다. 그리고 하나님의 말씀과 복음에 대한 확신이 있어야 한다. 불신자들이 전도소그룹에 참여하여 하나님의 말씀과 복음을 접하면 반드시 구원을 받고 삶이 아름답게 변화될 것이라는 강한 확신이 있어야 한다.

전도소그룹에서 따뜻하고 편안한 분위기를 만들기 위하여 노력해야 한다. 불신자에게는 복음보다 분위기가 더 중요하다. 그들은 협박이나 비판이나 무시당하는 느낌이 없다면, 그리고 자신들이 있는 그대로 받아 들려지는 분위기를 확신할 수 있다면 그곳에서 예수 그리스도의 복음을 통해서 변화될 수 있다.

그러므로 전도소그룹은 불신자들을 전도하기 위한 것이라는 점을 인식하고 불신자들을 섬기겠다는 마음이 있어야 한다. 만일 그와 같은 자세가 없다면 불신자들은 떠나고 말 것이다. 그러면 전도소그룹의 존재목적은 사라지게 된다. 그러므로 불신자가 편안하고 환영받는 느낌을 가질 수 있어야 한다.

불신자들이 자유롭게 대화할 수 있도록 격려해야 한다.

그들이 이해할 수 없는 용어를 사용하지 말아야 한다. 그들을 위해서 교리적인 논쟁을 피해야 한다. 그들을 충고하거나 비판해서는 안 된다. 오히려 그들을 격려하고 칭찬해야 한다. 그러므로 그들이 사랑받고 인정받고 있음을 느낄 수 있어야 한다.

전도소그룹이 이루어지는 가정은 준비된 가정이 되어야 한다. 그 가정의 주인은 손님들을 잘 대접하고 환영하며 따뜻하고 안정감을 느끼게 만들 수 있어야 한다. 그들은 전도소그룹의 목적과 철학을 알고 있어야 한다. 그들은 참여한 사람들의 이름을 기억하고 필요에 민감해야 한다. 그들은 부담 없이 먹고 즐길 수 있는 다과와 음식을 잘 준비해야 한다.

전도소그룹에서 성령의 역사로 놀라운 치유가 일어난다.

전도소그룹은 주님께서 기뻐하시는 복음을 전하는 곳이기 때문에 처음부터 끝까지 성령께서 역사하신다. 성령께서 역사하실 때 불신자들은 마음속에 하나님을 실제로 만나기를 갈망하게 된다. 오직 성령께서 그들을 용서하시고, 그들에게 자유를 주시고, 그들을 치유하시시고, 그들을 만족시킬 수 있다.

전도소그룹에서는 불신자에게 복음이 처음으로 전파되는 곳이기 때문에 복음과 함께 다양한 치유가 일어나야 한다. 불신자에게 복음이 전파되어 구원을 받으면 예수 그리스도께서 통치하시는 하나님의 나라가 이루어진다. 하나님의 나라는 말로써 복음이 선포되는 것뿐만 아니라 하나님의 권세와 능력으로 다양한 기적이 눈으로 볼 수 있도록 나타나는 것이 포함된다.

신약 성경은 이를 증거하고 있다.

"예수께서 온 갈릴리에 두루 다니사 저희 회당에서 가르치시며 천국 복음을 전파하시며 백성 중에 모든 병과 모든 약한 것을 고치시니"(마 4:23).

그 다음 마태복음 5장부터 7장을 보면 예수 그리스도의 다양한 가르침과 설교가 기록되어 있다. 그리고 예수 그리스도의 아홉 가지의 기적이 기록되어 있다.

그리고 마태복음 9장은 이렇게 말씀하고 있다.

"예수께서 모든 성과 촌에 두루 다니사 저희 회당에서 가르치시며 천국복음을 전파하시며 모든 병과 모든 약한 것을 고치시니라"(마 9:35).

예수께서는 마태복음에서 자신이 어떤 일을 하셨는가를 보여주신 후, 자신의 열두 제자들이 자신과 똑같은 일을 하라고 보내셨다. 예수께서 이렇게 말씀하셨다.

"가면서 전파하여 말하되 천국이 가까왔다 하고 병든 자를 고치며 죽은 자를 살리며 문둥이를 깨끗하게 하며 귀신을 쫓아내되 너희가 거저 받았으니 거저 주어라"(마 10:7-8).

그러므로 전도소그룹 열린모임에서는 놀라운 치유의 역사가 일어난다.

전도소그룹은 선포주일과 함께 시작한다.

전도소그룹은 가장 효과적인 전도를 위한 모델이다. 전도소그룹은 12주로 일 년에 적어도 세 번 진행할 수 있다. 첫째는 1월부터 3월에 한 번 진행하고, 5월부터 7월까지 진행하고, 9월부터 11월까지 진행할 수 있다.

처음 시작할 때에는 어색한 분위기를 깨기 위해서 게임을 준비하는 것이 좋다. 그리고 잘 알려진 찬송을 준비해서 부른다. 기타를 칠 수 있는 분이 반주를 하고 찬양 인도자는 확신 있게 불러야 한다. 인도자가 복음을 전할 때에는 이야기 식으로 아주 재미있고 흥미 있게 전해야 한다. 불신자에게 복음의 이야기를 전하는 것은 쉬운 일이 아니다. 그러므로 처음부터 그들의 흥미를 끌어야 한다. 사람들은 재미있는 것이든 심각한 것이든, 이야기에는 귀를 기울인다. 그러나 인도자는 복음의 핵심을 정확하게 제시해야 한다.

복음은 좋은 소식이다. 그러므로 불신자들에게 예수님께서 오신 이유를 정확하게 제시해야 한다. 예수님께서는 세상을 저주하기 위해 오신 것이 아니라 세상을 구원하기 위해 오셨다. 우리는 사람들에게 죄에서 해방될 수 있는 기쁜 소식을 전해야 한다.

사실 불신자들은 자신들의 가장 절실한 필요들이 있기 때문에 전도소그룹에 참여하였다. 그러므로 복음의 내용을 정확하게 제시하되 예수님께서 십자가 위에서 어떻게 우리의 모든 문제를 해결하셨는지, 어떻게 부활을 통해 승리하셨는지, 어떻게 하나님과의 아름다운 관계를 통해 삶의 의미와 목적을 주시는지, 어떻게 성령을 보내주셔서 우리의 고독을 해결하고 참족 만족을 주시는지 알려 주어야 한다.

그러나 그들이 쉽게 이해하고 받아드릴 수 있어야 한다. 세상에서 가장 위대한 설교라 하더라도 아무도 이해하지 못한다면 아무런 소용이 없다. 그리고 그들이 복음을 받아드리도록 결단의 기회를 주어야 한다. 그들이 예수 그리스도를 받아드리고 영접하려면 어떻게 해야 하는지 알려 주어야 하지만 결코 강제적으로 인도해서는 안 된다.

그리고 12주 마지막 주에는 교회에서 초청주일 행사를 기획하고, 그 동안 전도소그룹에 초대되어 복음을 듣고 구원받은 사람들을 초대하여 축제적인 예배를 드릴 수 있다. 그 동안 성도들이 관계 맺기를 통해 전도한 사람들을 교회로 초대하는 영혼추수행사인 것이다. 그 동안 성도들이 복음의 씨앗을 뿌리고 물을 주고 경작했기 때문에 수확을 기대하는 마음으로 추수행사를 갖는 것이다.

- **적용**

  태신자 중 3명의 BEST를 정하여, BEST카드에 표시하자.

  BEST를 위해 매일 기도시간을 정해 기도하도록 하자.

  여기서 새롭게 깨달은 것 중 적용하여 실천하고자 하는 것을 기록한 후 서로 나누어 보자.

- **기도**

  BEST를 위해 팀원들이 함께 부르짖으며 기도하자.

3

전도소그룹 열린모임은 12주 과정의 전도운동이다.

전도는 두 날개로 날아오르는 건강한 교회가 주님이 주신 지상명령을 수행하기 위하여 전도소그룹을 만들어 지속적으로 복음을 전하는 것이다. 개 교회에 속해있는 성도들이 자신의 오이코스 안에서 지속적으로 관계 맺기를 통해서 전도가 이루어지게 해야 한다. 전도소그룹은 12주 과정으로 진행된다. 전도는 결코 일회성으로 치루는 전도 특별집회가 아니다.

전도와 영혼구원은 차이가 있다.

전도는 독립적인 한 사건이 아니라 한 사람이 예수님께로 오기까지의 연속적인 과정이다. 그리고 영혼구원은 순간의 사건이다. 전도가 과정이라면 시간이 오래 걸릴 수도 있다. 아니 한 사람을 그리스도께로 인도하는데 평생이 걸릴 수도 있고, 전도를 실천했던 사람이 죽은 다음에 전도 대상자가 주님께 돌아올 수도 있다.

고아의 아버지 조지 뮬러는 수많은 사람들을 위해 기도하며 전도했는데 몇몇 친구들은 그가 죽은 다음에 주님께 돌아와 구원을 받았다. 이와 같이 전도는 과정이지만 영혼구원은 순간이다. 전도자가 한 영혼에게 오랫동안 과정을 통해 전도를 실천한다. 그리고 그 영혼이 주님께 돌아와 예수님을 자신의 구세주로 영접하고 하나님의 자녀로 거듭나는 것은 순간의 사건이다. 만약 전도가 과정이라면 그 과정은 매일의 생활이다. 그러므로 전도하는 사람의 매일의 생활양식이 중요하다.

전도소그룹은 12주 과정으로 진행된다.

불신자들은 대부분 처음부터 복음에 응답하지 않는다. 그들은 복음을 접하면서 생각하고, 보고, 듣고, 그들이 궁금하게 여기는 것들에 대해서 자유롭게 질문할 시간이 필요하다. 그들은 전도소그룹에 참여하여 각각 다르게 복음을 받아들일 수 있다. 어떤 불신자는 첫 모임에서 예수 그리스도를 영접할 수도 있고 어떤 불신자는 계속 참여 하는 가운데 서서히 복음을 깨닫고 주님께 돌아오는 경우도 있다.

전도소그룹은 일회성 전도를 하지 않는다.

우리나라의 교육의 문제점이 무엇인가? 물론 다양한 문제가 있지만 그래도 모두가 공감하는 문제는 입시위주의 교육일 것이다. 학교에서 자라나는 청소년들에게 앞으로의 인생에서 꼭 필요한 인성교육은 시키지 않고 입시위주의 교육에만 초점을 맞추는 것이다. 따라서 자신의 자녀가 다니는 학교가 입시에 조금이라도 불리하면 학부형들은 데모를 한다. 하지만 올바른 인생에 대한 태도는 기술위주의 사고방식 보다 성품을 개발하는 인성교육을 통해 주어진다. 인성교육이란 언행일치, 겸손, 충성, 절제, 용기, 정의, 인내, 근면, 소박함, 순수함, 배려 등을 길러주는 교육이다. 결국 잘못된 현실에서 성장한 자녀들은 인간관계에 관심을 갖기보다 기술위주의 사고방식으로 사회생활을 한다.

이 부분에 대해 스티븐 코비는 이렇게 지적하고 있다.

"나는 현 직장에서 커리어 목표를 설정하고 이를 드디어 달성하였다. 나아가 지금 종사하고 있는 전문분야에서도 큰 성공을 거두었다. 그러나 나는 그 대가로 개인적인 삶과 가정생활을 희생시켰다. 나는 더 이상 아내와 자녀에 대해서 잘 알지 못한다. 나는 이제 나 자신에 대해, 또 내게 가장 중요한 것에 대해 도대체 무엇인지조차 잘 모르게 되었다. 이제야 나는 내 자신에게 물어 보아야겠다. 도대체 직장에서의 출세가 그만한 가치가 있는 것인가?"

"나는 우리 아이들에게 노동의 가치를 가르쳐 주고 싶다. 그러나 이들에게 뭘 좀 시키려면 일거수일투족을 감독해야 하고, 또 잔소리를 늘어놓아야 한다. 차라리 내가 일을 해 버리는 것이 더 쉽다. 왜 아이들은 즐거운 마음으로 일을 스스로 처리하지 못할까?"

"우리의 결혼생활은 이제 권태기에 들어섰다. 이제 더 이상 다투지도 않는다. 또 우리는 서로를 사랑하지도 않는다. 우리 부부는 함께 상담을 받기도 하고, 여러 가지 다른 시도도 해봤다. 그러나 우리가 과거에 가졌던 서로에 대한 감정을 다시 회복할 수 있을 것 같지는 않다."

"나는 금년 들어 새로운 방법의 식이요법을 다섯 번째로 시작하였다. 나는 체중이 너무 무거워 정말이지 살을 빼고 싶다. 그래서 체중을 줄이는 것과 관계되는 새로운 정보를 모두 입수하고, 목표를 정하고, 적극적인 태도를 지니기로 마음을 고쳐먹고 '나는 할 수 있다.'고 거듭 다짐한다. 그러나 그게 잘 되지 않는다. 몇 주만 지나면 또 실패하고 만다. 이제 나는 내 자신에게 스스로 한 약속조차도 지킬 수 없다."

여기에 등장하는 사람들의 문제점이 무엇인가?

그들은 자신들의 문제를 단번에 효과를 보는 응급처치식 방법으로 해결하려는 태도를 가지고 있다.

따라서 이러한 현실에서 살고 있는 우리들은 전도도 해치워 버리는 식의 전도를 생각한다. 어떤 방법을 사용하든 영혼을 하나님께 인도하면 된다는 생각을 하고 있다. 그러나 그와 같은 방법은 올바른 전도시스템이 아니다. 따라서 우리는 성경에서 제시하는 원칙중심의 전도시스템으로 영혼을 하나님께 인도해야 한다. 왜냐하면 원칙중심과 자연법칙들은 모두가 공감하고 함께 할 수 있는 성경적인 전도시스템이기 때문이다. 하나님이 허락하신 자연법칙들을 생각해 보라. 그곳에는 반드시 과정이 있다. 세상의 어느 농부도 씨앗을 심고 그 다음날 거두는 사람은 없다.

그러므로 성공적인 전도는 기본원칙을 지킬 때 이루어진다.

따라서 일회성 전도는 피해야 한다. 이제는 믿지 않는 사람들과의 인간관계에 초점을 맞추어야 한다. 다른 사람들과의 건전하고 발전적인 인간관계를 갖고자 끊임없이 노력하는 사람들만이 전도소그룹에 성공할 수 있다.

전도소그룹은 내면으로부터 시작한다.

전도소그룹은 근본적으로 내면으로부터 시작해야 한다. 자신의 내면에 "복음전도외에는 소망이 없다"는 인식으로 전도를 하고픈 강한 열망이 있어야 한다. 그래야 전도를 지속적으로 끊임없이 항상 실천할 수 있기 때문이다. 내면으로부터 시작하는 것은 다른 사람과 약속을 하고 그 약속을 지키기에 앞서, 자기 자신에 대해 약속을 하고 그 약속을 지키는 것이다. 즉, 자신을 개선하기 이전에 다른 사람과의 관계를 개선하려는 것은 쓸데없는 일이기 때문이다.

미국 농무성 장관이며 기독교 지도자인 에즈라 태프트 벤슨은 내면으로부터 시작하는 것은 성경의 중요한 원리이며 하나님께서 역사하는 원리임을 밝히고 있다.

"하나님은 인간의 내면을 바꿔줌으로써 외부가 개선되게 하신다. 그러나 세상은 외부를 먼저 바꾸어 내면을 개선시키려고 한다. 사람들을 빈민굴에서 끌어내기만 하면 된다는 것이다. 예수는 사람들로 하여금 마음의 가난함으로부터 벗어나게 함으로써 스스로 빈민굴에서 빠져 나올 수 있도록 해 준다. 말하자면 세상은 사람들의 환경을 변화시킴으로써 그들을 바꾸려 하지만, 예수는 사람들을 변화시킴으로써 그들 스스로 환경을 바꾸게 한다. 세상은 인간의 행동을 바꾸려고 하지만, 예수는 인간의 본성을 바꿀 수 있다."

전도를 외부에서 시작하는 것은 교회에서 전도하라고 하니까 마지못해서 억지로 하는 것이다. 나뭇잎을 쳐내는 것과 같은 응급처치식의 전도기법을 가지고는 지속적으로 전도할 수 없다. 그러나 내면으로부터 시작하는 것은 전도하고 싶은 강한 욕망이 있기 때문에 누가 시키지 않아도 자원해서 즐거운 마음으로 전도하는 것이다.

전도소그룹의 구성원들은 그들의 내면에 전도하고픈 강한 욕망이 내재되어 있는 사람들이다. 구성원들의 본성 자체가 이러한 욕망이 있을 때 전도는 자발적이 되고, 임의적이 되고, 자진해서 하고, 무의식적으로 하게 되어 진정한 전도자의 삶을 살게 된다. 그때 구성원들은 진정한 상급을 하나님께 받게 된다. 사도 바울은 전도를 내면으로부터 시작하여 임의로 하면 상급이 있다고 언급한다.

"내가 복음을 전할지라도 자랑할 것이 없음은 내가 부득불 할 일임이라 만일 복음을 전하지 아니하면 내게 화가 있을 것임이로라 내가 내 임의로 이것을 행하면 상을 얻으려니와 임의로 아니한다 할지라도 나는 직분을 맡았노라"(고전 9:16-17).

우리가 내면으로부터 시작하여 매일의 삶 속에서 전도를 실천해 나간다면, 반드시 하나님으로부터 상급을 받게 된다. 전도자가 씨를 뿌리고, 끈기 있게 잡초를 제거해 가며 가꾸어 줄 때, 진정한 전도의 기쁨을 맛보게 되고, 결국 아주 소중하고 효과적이며 조화스러운 전도의 열매를 얻게 된다. 따라서 성공적인 전도자는 영혼을 향한 불붙은 사랑의 마음이 자신 안에 있어야 한다.

그것은 하나님의 마음이다.

전도는 하나님의 마음을 품는 것이다.

영혼을 향한 불붙은 사랑의 마음은 영혼을 향한 열정이며 내적인 정력이다.

이것은 그리스도인의 가슴속에서 타오르는 불이다.

이것은 죽어 가는 영혼에게 관심을 갖는 것이다.

이것이 바로 복음전도의 초석이다.

이 열정은 불붙은 뜨거운 사랑이다.

예수 그리스도께서도 내면에 열정적인 사랑이 있었다.

영혼을 향한 불붙은 사랑은 처음에 예수님 안에 있었다. 우리는 예수님의 마지막 예루살렘 입성에서 그 사실을 발견할 수 있다.

"예루살렘으로 올라가는 길에 예수께서 제자들 앞에 서서 가시는데 저희가 놀라고 좇는 자들은 두려워하더라 이에 다시 열 두 제자를 데리시고 자기의 당할 일을 일러 가라사대"(막 10:32).

예수님은 온 인류의 죄악을 짊어지기 위하여 예루살렘으로 올라가실 때 제자들보다 앞서 걷고 계셨다. 제자들은 예수님이 친히 앞길을 재촉하시는 것을 보았다. 그래서 제자들은 놀라고 두려워하였다. 예수님이 왜 제자들보다 앞서 가셨는가? 그것은 예루살렘으로 가시는 그분의 마음속에 영혼을 향한 불붙은 사랑이 있었기 때문이다. 그분은 우리를 위해 죽기 위해서 오셨다. 그래서 십자가의 사명을 감당하기 위해서 예루살렘에 올라 가셨다.

사도 바울도 내면에 열정적인 사랑이 있었다.

영혼을 향한 불붙은 사랑은 사도 바울의 내면에도 있었다.

그는 이렇게 말하고 있다.

"그리스도의 사랑이 우리를 강권하시는도다 우리가 생각건대 한 사람이 모든 사람을 대신하여 죽었은즉 모든 사람이 죽은 것이라"(고후 5:14).

여기서 사도 바울은 그리스도의 사랑이 자신을 강하게 도전하고 있다고 말한다. 예수님을 위한 그의 사랑은 다른 사람들에게 증인이 되도록 그를 내어 보낸 내적인 충동이 되었다. 사랑처럼 사람을 꽉 잡는 것은 없다. 인간은 사랑을 위해서는 아무리 큰 어려움이라도 견딜 수 있고, 바다도 건널 수 있고, 위협도 무릅쓰고, 심지어 죽음까지도 참아 낸다.

예수님이 많은 사람들을 위한 대속 제물로 자신을 주시기 위해서 하늘로부터 슬픈 세상에 내려오신 이유가 무엇인가? 그것은 잃어버린 죄인들을 향한 사랑 때문이었다. 동일한 사랑이 사도 바울을 움직여 죄인들에게 그리스도를 전파하기 위하여 죽음을 무릅쓰고 나아가게 했다.

"나의 달려갈 길과 주 예수께 받은 사명 곧 하나님의 은혜의 복음 증거하는 일을 마치려 함에는 나의 생명을 조금도 귀한 것으로 여기지 아니하노라"(행 20:24).

사도 바울의 전도의 경험을 살펴보라.

루스드라에서 사람들은 바울에게 돌을 던졌다. 그들은 바울이 이상한 진리를 전한다는 이유로 그에게 돌을 던졌다. 그리고 그들은 바울이 돌에 맞아 죽은 줄 알고 성 밖에 내어버린다. 그러나 사도 바울이 의식을 회복하였을 때, 있는 힘을 다하여 다시 루스드라로 돌아간다. 그리고 그 다음 날 더베로 갈 때에는 그의 눈은 쑥 들어가 있었고, 그의 얼굴에는 타박상으로 인한 상처가 있었고, 그의 수염에는 피가 묻어 있었다. 그러나 그의 가슴에는 하나님의 사랑이 가득했다. 이것이 불타는 마음이요, 열정이다. 누가는 그 사실을 이렇게 기록하고 있다.

"유대인들이 안디옥과 이고니온에서 와서 무리를 초인하여 돌로 바울을 쳐서 죽은 줄로 알고 성밖에 끌어 내치니라 제자들이 둘러섰을 때에 바울이 일어나 성에 들어갔다가 이튿날 바나바와 함께 더베로 가서 복음을 그 성에서 전하여 많은 사람을 제자로 삼고 루스드라와 이고니온과 안디옥으로 돌아가서"(행 14:19-21).

사도 바울의 고백을 들어 보라.

"만일 내가 복음을 전하지 아니하면 내게 화가 있으리라."

그렇게 말할 때, 그는 자신의 주님이신 예수님의 가슴속에 타오르는 그 열정을 가지고 있었던 것이다. 그 열정 때문에 죄수로 잡혀가면서도 육체적인 판결을 무서워하지 않았다. 진정 그의 가슴속에는 열정의 불이 훨훨 타오르고 있었다. 그래서 그는 전파하였다.

만약 사람들이 그를 체포한다면 그는 자신을 쇠사슬로 묶는 그 군인들에게 전도했을 것이다. 바울은 언제나 어디에서나 전도하였다. 바울은 전도만큼은 자기 맘대로 할 수 없었다. 하고 싶지 않다고 하지 않고, 하고 싶다고 하는 그런 것이 아니라 할 수밖에 없었고 안 하면 안 되는 일이었다.

그러므로 그는 디모데에게 이렇게 도전했다.

"하나님 앞과 산 자와 죽은 자를 심판하실 그리스도 예수 앞에서 그의 나타나실 것과 그의 나라를 두고 엄히 명하노니 너는 말씀을 전파하라 때를 얻든지 못 얻든지 항상 힘쓰라 범사에 오래 참음과 가르침으로 경책하며 경계하며 권하라"(딤후 4:1-2).

베드로와 요한도 내면에 열정적인 사랑이 있었다.

오순절에는 영혼을 향한 불붙은 사랑의 열정이 베드로와 요한의 내면에 있었다. 오직 이 타오르는 열정의 뜨거운 불이 있는 사람들만 세상을 변화시킬 수 있다. 전도자는 비록 많이 배우지 못한 사람이라도 이 열정만 가지고 있다면 얼마든지 당당하게 전할 수 있다. 누가는 그 사실을 이렇게 소개한다.

"저희가 베드로와 요한이 기탄없이 말함을 보고 그 본래 학문 없는 범인으로 알았다가 이상히 여기며 또 그 전에 예수와 함께 있던 줄도 알고 또 병 나은 사람이 그들과 함께 섰는 것을 보고 힐난할 말이 없는지라 명하여 공회에서 나가라 하고 서로 의논하여 가로되 이 사람들을 어떻게 할꼬 저희로 인하여 유명한 표적 나타난 것이 예루살렘에 사는 모든 사람에게 알려졌으니 우리도 부인할 수 없는지라 이것이 민간에 더 퍼지지 못하게 저희를 위협하여 이후에는 이 이름으로 아무 사람에게도 말하지 말게 하자 하고 그들을 불러 경계하여 도무지 예수의 이름으로 말하지도 말고 가르치지도 말라 하니 베드로와 요한이 대답하여 가로되 하나님 앞에서 너희 말 듣는 것이 하나님 말씀 듣는 것보다 옳은가 판단하라 우리는 보고 들은 것을 말하지 아니할 수 없다 하니"(행 4:13-20).

여기서 베드로와 요한은 본래 학문 없는 범인이였지만 기탄없이 당당하게 전하는 것을 보고 사람들은 이상하게 생각한다. 그리고 종교 지도자들은 베드로와 요한에게 더 이상 전도하지 말라고 위협한다. 도무지 예수님의 이름으로는 아무 것도 하지 말라고 명령한다. 아무에게도 전해서는 안 된다고 말한다.

그러면 베드로와 요한이 그들의 말을 듣고 전하지 않았는가?

과연 베드로와 요한의 대답은 무엇인가?

"하나님 앞에서 너희 말 듣는 것이 하나님 말씀 듣는 것보다 옳은가 판단하라 우리는 보고들은 것은 말하지 아니할 수 없다"(행 4:19-20).

그러므로 우리도 당당하게 전할 수 있다. 이 세상에서 제일 어울리지 않은 것은 무엇인가? 그것은 그리스도인으로서 비굴하게 사는 것이다. 베드로와 요한이 당당하게 전도한 비결이 무엇인가?

첫째, 그들이 예수님과 함께 있었기 때문이다. 성경은 이렇게 말씀하고 있다. "저희가 베드로와 요한이 기탄없이 말함을 보고 그 본래 학문 없는 범인으로 알았다가 이상히 여기며 또 그 전에 예수와 함께 있던 줄도 알고"(행 4:13). 우리도 예수님과 동행한다면 당당하게 전할 수 있다. 비록 학문이 없고, 비린내 나는 고기를 잡는 어부라도 주님과 함께 있으면 당당해지고, 똑똑해지고, 할 말을 제대로 하는 사람으로 변화된다. 우리도 예수님과 깊이 사귀고 동행하면 당당하게 전하는 놀라운 사람으로 변화될 수 있다.

둘째, 그들은 성령 충만했기 때문이다. 성경은 이렇게 말씀하고 있다. "이에 베드로가 성령이 충만하여 가로되 백성의 관원과 장로들아, 빌기를 다하매 모인 곳이 진동하더니 무리가 다 성령이 충만하여 담대히 하나님의 말씀을 전하니라, 술 취하지 말라 이는 방탕한 것이니 오직 성령의 충만을 받으라"(행 4:8, 31, 엡 5:18).

여기서 성령 충만을 술 취하는 것에 비유하고 있다. 어떤 사람이 술에 취하면 전혀 다른 행동을 하는 것처럼 전도자가 성령에 취하고 성령에 지배되면 전혀 딴사람이 된다. 그러므로 성령 충만하면 담대하게 전할 수 있다. 그리고 성령 충만의 비결은 기도에 있다. 그들은 기도하고 성령 충만하여 열심히 전도했다. 그러므로 베드로와 요한도 성령에 충만하였기 때문에 당당하게 전할 수 있었다.

셋째, 그들이 하나님 앞에 서 있다는 의식이 있었기 때문이다. 그래서 그들은 이렇게 강하게 도전하고 있다. "하나님 앞에서 너희 말 듣는 것이 하나님 말씀 듣는 것보다 옳은가 판단하라"(행 4:19). 그들은 하나님을 의식했다. 그러므로 그들이 사람을 무서워하여 사람의 말을 들었겠는가? 그들은 하나님 앞에 서 있다는 의식을 가지고 당당하게 전하였다. 그러므로 우리도 하나님을 의식하고 하나님 앞에 서 있다는 의식이 있을 때 당당하게 전할 수 있다.

넷째, 그들은 예수 그리스도를 실제로 보고, 듣고 체험했기 때문이다. 그래서 그들은 이렇게 말했다. "우리는 보고들은 것을 말하지 아니할 수 없다"(행 4:20). 하나님은 절대로 구원을 체험하지 않은 사람에게 전도를 하라고 말씀하시지 않으신다. 그러므로 베드로와 요한은 예수님에 대하여 보고 들었기 때문에 당당하게 전했다.

다섯째, 그들은 전도하는 일이 좋은 사역이라는 확신이 있었기 때문이다. 그래서 그들은 이렇게 대답한다. "만일 병인에게 행한 착한 일에 대하여 이 사람이 어떻게 구원을 얻었느냐고 오늘 우리에게 질문하면"(행 4:9). 그러므로 전도는 착한 일이다. 죄 가운데 빠져있는 사람을 옳은 대로 돌아오게 하는 일이다. 다니엘은 이렇게 말하고 있다. "지혜 있는 자는 궁창의 빛과 같이 빛날 것이요 많은 사람을 옳은 데로 돌아오게 한 자는 별과 같이 영원토록 비취리라"(단 12:3).

여섯째, 그들은 예수님의 이름으로 전도를 하였기 때문이다.
그들은 이렇게 말한다.
"너희와 모든 이스라엘 백성들은 알라 너희가 십자가에 못 박고 하나님이 죽은 자 가운데서 살리신 나사렛 예수 그리스도의 이름으로 이 사람이 건강하게 되어 너희 앞에 섰느니라 이 예수는 너희 건축자들의 버린 돌로서 집 모퉁이의 머릿돌이 되었느니라 다른 이로서는 구원을 얻을 수 없나니 천하 인간에 구원을 얻을 만한 다른 이름을 우리에게 주신 일이 없음이니라"(행 4:10-12).

그러므로 전도는 우리의 이름으로 전하는 것이 아니다. 우리가 전도할 때 거절하면 상대방은 우리를 거절하는 것이 아니라 바로 예수님을 거절하는 것이다. 그래서 베드로와 요한은 당당하게 전할 수 있었다.

존 번연도 내면에 열정적인 사랑이 있었다.

영혼을 향한 불붙은 사랑은 존 번연의 마음속에도 있었다. 존 번연은 전도를 계속한다는 이유로 영국의 벤포드 감옥에 투옥되었다. 그러나 그는 감옥 안에서 전도하는 것을 그치지 않았다. 군중들은 그가 전하는 복음의 설교를 듣기 위해서 그의 감방의 창문밖에 모여들었다. 당국에서는 그가 창문을 통하여 사람들에게 전도하는 것을 막기 위하여 감옥 주위에 담을 쌓았다. 그러나 그는 굴하지 않고 더욱 소리를 높여서 창문 밖 담 너머에 있는 군중들에게 복음을 전했다.

그러므로 우리는 복음전도에 타오르는 열정이 있어야 한다. 모든 교회는 전도소그룹 열린모임에 대한 열정의 불이 계속 타올라야 한다. 어떻게 전도소그룹 열린모임에 대한 열정의 불이 계속 타오르게 할 수 있는가? 전도소그룹 열린모임에 대한 열정의 불을 계속 키워야 한다. 키우기 위해서 계속 열린모임에 동참하여야 한다. 우리가 계속해서 전도소그룹 열린모임을 열지 않으면 그 열정은 식어 지게 되어 있다.

이제 전도소그룹에 참여하여 불신자들과 관계를 맺고 사랑과 섬김으로 복음을 전해야 한다. 그리고 생활 속에서 죄를 제거해야 한다. 그리고 전도소그룹 열린모임에 영혼들을 보내달라고 하나님께 기도해야 한다. 그때 전도소그룹 열린모임의 열정의 불은 계속 타오를 것이다.

두날개양육시스템의 1단계인 전도의 과정인 열린모임은 총 12주로 진행되며 첫 주에는 7명의 태신자를 정하고 둘째 주는 그 중 꼭 전도하고 싶은 베스트 세 사람을 다시 정한다. 셋째 주부터는 6단계의 관계맺기에 들어가 베스트의 마음이 열렸을 때 열린 모임으로 초청해 복음을 전하고 결신시키는 12주 과정으로 진행된다.

- **나눔** / 위의 순서에 따라 간증을 준비하여 나누어 보자
- **적용** / 관계 맺기 1단계 : BEST와 차 마시기
- **기도** / BEST를 위해 함께 간절히 부르짖으며 기도하자

4

전도소그룹 열린모임은
관계 맺기 전도운동이다.

우리는 어떤 전도 방법을 통해서 하나님께 돌아오게 되었는가? 현재 그리스도인들 중 90%는 관계 맺기 전도를 통해서 믿게 되었다. 그러므로 관계 맺기 전도가 가장 효과적이다.

전도자는 사람들과 관계를 맺기 위해서 상대방에게서 접촉점을 찾아야 한다. 사람들과 관계를 수립할 수 있는 최선의 시기는 그들이 즐거워할 때 함께 즐거워하고 어려울 때에 그들과 함께 있어 주는 것이다. 접촉이란 상대방에게 복음을 전하기 위해서 사람들을 만나는 것이다. 예수님은 사람들을 만나기 위해서 하늘나라에서 이 세상에 오셨다. 그분은 죄인을 하나님과 화해시키기 위해서 오셨다(고후 5:18-20). 그러므로 관계 맺기 전도가 가장 탁월한 전도 방법이다.

제임스 케네디

전도폭발의 창시자 제임스 케네디 목사는 관계 맺기 전도에 대하여 이렇게 말하고 있다.

"예수님은 아주 일상적인 일들을 통해서 사람들을 자기에게로 이끌어 그들로 하여금 영생을 얻게 하셨다. 우물가에서 주님은 자기 자신을 가리켜 다시는 목마르지 아니할 생수로 언급하셨다. 주린 자들에게는 자신을 생명의 떡으로 나타내셨다. 저는 자들과 병든 자들에게는 자신을 온전케 하시는 자로 나타내셨다.

예수님은 우리가 이 세상에서 살아가는 동안 수많은 사람들과 여러 가지 인간관계를 맺게 해주셨다. 그리고 인간관계를 발전시키고 또한 즐길 수 있도록 해주셨다. 우리는 이러한 인간관계 안에서부터 전도의 기회를 찾을 수 있다. 관계중심 전도는 우리가 이미 맺고 있는 기존의 인간관계와 또한 앞으로 맺게 될 새로운 인간관계를 복음 전도의 통로로 사용하는 것이다. 하나님은 예수님 안에서 우리가 그분과 올바른 관계를 회복하는 데에 필요한 모든 것을 다 주셨다. 사람들은 각자가 인간관계의 핵심을 이루고 있다. 우리 자신을 생각해 보라. 우리는 우리 자신의 가족 안에 태어나서 부모와, 형제자매와, 할머니와 할아버지, 삼촌과 고모, 사촌들과 조카들, 그리고 그 밖의 일가친척과 관계를 맺게 된다.

우리가 결혼을 하고 나면 이 관계의 범위가 넓어진다.

결혼을 통해서 우리는 남편과 아내의 관계를 맺고 후에는 아들, 딸들과 관계를 맺고 세월이 더 지나면 손자 손녀들과 관계를 맺게 된다. 결혼을 통해서 우리는 또한 배우자의 가족과도 관계를 맺게 된다. 그렇게 되면 처가나 시댁의 모든 식구들과도 관계를 맺게 된다. 우리는 일상생활을 하는 중에 이러한 일가친척들을 한 사람 한 사람 만나게 될 때마다 복음을 전할 수 있다. 하나님께서 예수님 안에서 그들을 사랑하신 다는 사실을 알려 주어야 한다.

우리는 직장에서도 여러 사람들과 관계를 맺게 된다. 직장에는 고용주와 고용인의 관계가 있다. 또한 수많은 동료들 간의 관계도 있다. 이들 중에는 우리에게 복음을 들어야 할 사람이 반드시 있다. 우리가 살 곳을 정할 때에도 우리의 집은 주변의 이웃들과 관계를 맺게 해준다. 우리는 또한 여러 해 동안 주변 사람들과 접촉을 하는 과정에서 특별한 친구들을 사귀게 된다. 하루하루를 지내다 보면 의사나, 우체부나, 짐 나르는 사람이나, 가게 점원 등 수많은 사람들을 만나게 된다. 이들 중에는 우리의 전도를 통해서 영생의 선물을 받게 될 사람들이 있다.

예수님은 인간의 몸을 입으시고 이 세상에 오셨을 때 그분은 우리가 맺고 있는 대부분의 인간관계를 맺으셨다. 그분의 어머니는 마리아였다. 그분의 호적상의 아버지는 요셉이었다. 그분에게는 형제자매와 삼촌들과 사촌들이 있었다. 그분은 나사렛에서 목수의 직업을 갖고 일하셨다. 그분도 역시 인간관계를 확대시켜 나아가셨다.

그분은 자기 가족들을 사랑하셨다. 십자가에 달려 돌아가시는 순간에도 그분은 자기의 특별한 친구 요한에게 그분의 어머니를 돌보아 드리도록 부탁하셨다. 이 세상의 가족과 친구들을 사랑하신 예수님은 그들을 하늘나라의 영원한 하나님의 가족 안에 들어오게 하시는 일에 가장 큰 관심을 갖고 계셨다.

하나님은 우리의 인간관계를 복음 전도의 다리로 사용하여 우리와 가까운 사람들을 그의 영원한 가족 안에 들어오게 하시기를 원하신다. 우리는 세상의 소금이요 또한 세상의 빛이다. 소금은 부패를 막아 준다. 소금은 맛을 더해 준다. 소금은 갈증을 일으킨다. 빛은 사람들이 자기의 가는 길을 보는 데에 도움을 준다. 하나님은 우리의 삶을 통하여 다른 사람들에게 길을 보여 주고, 사람들이 그를 갈망하게 하고, 삶에 맛을 더해 주고 세상에 있는 죄의 부패를 막아 주기를 원하신다."

관계 맺기에 성공할 때 열린모임이 이루어진다.

조셉 알드리치는 관계 맺기 전도가 효과적인 이유를 이렇게 제시하고 있다.

관계 맺기 전도는 많은 성경 지식을 필요로 하지 않다. 전도자가 올바른 사람이 되면 성경을 많이 몰라도 탁월하게 전도할 수 있다. 관계 맺기 전도는 낯선 사람이 아닌 낯익은 사람들에게 복음을 전하는 진정한 의미의 개인 전도이다. 관계 맺기 전도는 단지 전도의 은사만이 아닌 모든 은사들을 사용하여 효과적으로 전도할 수 있다. 그리스도인은 자신의 돕는 은사를 사용하여 전도할 수 있다. 어떤 사람이 어려운 일을 당했다고 생각해 보라. 그때 그리스도인이 음식을 정성껏 만들어준다면 그 사람은 마음을 열 것이다. 또한 그리스도인이 지혜의 은사를 사용하여 친구의 문제에 귀를 기울이고 충고해 줌으로써 전도할 수도 있다. 또한 친절을 베푸는 은사를 사용하여 도와줄 때 폭발적인 전도의 능력을 갖게 된다.

관계 맺기 전도는 그리스도인들을 불필요한 부담에서 자유롭게 해준다. 하나님은 전도자를 부르신 주된 사명은 전도하게 하는 것이다. 관계 맺기 전도의 전략은 꾸준히 일하는 것이다. 관계 맺기 전도는 좋은 환경을 만들어 복음을 의미 있게 받아드리게 한다. 사실 복음의 내용은 복음이 전해질 수 있는 좋은 환경 속에서 더 효과적으로 전달된다.

관계 맺기 전도는 그리스도인에게 복음의 말씀을 나눌 수 있는 자연스러운 기회를 만들어 준다. 그리스도인의 아름다운 성품은 불신자들을 십자가로 가까이 인도할 수 있다. 만일 당신의 성품이 그들에게 좋은 영향을 끼친다면 그들은 당신의 소망에 대한 이유를 물어올 것이다.

관계 맺기 전도는 불신자가 그리스도를 믿기 전에 이미 양육의 모형을 세울 수 있다. 당신이 이웃의 여러 모임들에 사회적으로 참여할 때 이웃들과의 관계가 더 가까워진다. 죄인들은 이러한 관계를 통하여 그리스도께로 나오는 것이다. 어떤 불신자가 그리스도인과 친근한 관계를 맺으면 복음이 전해질 때 이미 맺어진 관계로 인해 그 복음은 쉽게 받아들여질 수 있다. 그리고 친구에 의하여 양육되어지게 된다. 이것이 신약에서 나타나는 전도의 방식이다.

관계 맺기의 다리를 놓아야 한다.

사도 요한은 전도의 이유를 진실한 인간관계를 맺기 위함이라고 설명하고 있다.

"우리가 보고 들은 바를 너희에게도 전함은 너희로 우리와 사귐이 있게 하려 함이니 우리의 사귐은 아버지와 그 아들 예수 그리스도와 함께 함이라 우리가 이것을 씀은 우리의 기쁨이 충만케 하려 함이로라"(요일 1:1-4).

그러므로 우리는 진정한 사귐을 위해서 전도해야 한다.

먼저 사람들에게 다리를 놓기 위하여 전도 대상자가 기쁜 일이 있을 때 그들을 찾아가야 한다. 가장 기쁠 때는 그들이 아기를 출생했을 때이다. 이러한 상황에서 그들에게 관심을 나타내는 것이다. 찾아가서 아기를 바라보고 매우 예쁘다고 이야기 해 주어야 한다. 그리고 전도 대상자들이 생일을 맞이하면 그들에게 생일 축하 카드를 보내면서 그들과 다리를 놓을 수 있다. 그러나 전도 대상자들에게 어려움이 닥쳐올 때도 그들과 다리를 놓을 수 있는 절호의 기회이다. 특별히 그들이 병원에 입원해 있을 때 병원을 방문할 수 있다. 전도 대상자가 사랑하는 사람을 잃었을 때 그들에게 접근하여 그들을 위로하며 그들과 다리를 연결할 수 있다. 어떤 경우에는 그들에게 한마디의 말도 하지 않고 그냥 거기 함께 있어만 주는 것으로도 충분하다. 또한 경제적 파탄, 실직, 결혼의 위기, 자녀들과의 갈등이 있을 때에 찾아가면 관계의 다리를 놓을 수 있다. 관계의 다리를 놓는 것은 계속적인 과정이다. 이것은 전도자의 생활양식의 일부가 되어야 한다. 우리가 하나님께 가까이 가면 갈수록 우리는 더욱더 사람들을 접근할 수 있다.

사람들을 사귀어야 한다.

전도에 있어서 인간관계가 매우 중요하지만 많은 그리스도인들은 믿지 않는 사람들과 의미 있는 접촉을 하지 않고 있다. 뿐만 아니라 전도하는 자세로 사람들과 사귈 능력도 없다.

의미 있는 접촉을 방해하는 이유는 너무나 바쁜 세상 속에 살고 있기 때문이다. 일과 여러 가지 사건 속에서 그리스도인들은 시간을 내지 못하고 있다. 그러므로 이렇게 바쁜 생활 속에서 의미 있는 인간관계를 맺는 것은 불가능해 진다. 우리 그리스도인들은 주님을 영접하고 시간이 지나면 불신자들과 의미 있는 관계가 없어진다. 대부분 구원받고 교회에 나오면 새로운 교제권이 형성된다. 그 결과 자신도 모르는 사이에 불신자들로부터 멀어진다.

그래서 조셉 알드리치도 그 사실을 이렇게 지적하고 있다.

"때로는 성장을 위하여 과거의 친구들로부터 구별되는 것이 필요할 수도 있다. 그러나 대부분의 경우는 세상과 구별되는 것에 대한 성경의 가르침을 잘못 이해하기 때문에 세상 사람들로부터 멀어진다. 우리는 종종 불신자들을 원수 마귀의 희생자들로 보기보다는 그들을 원수로 생각한다. 또한 영적인 능력은 구원받지 못한 자들로부터의 분리라고 생각하기도 한다. 초신자들에게 이제 그들은 그의 옛 친구들과는 아무 공통점이 없다고 이야기한다. 그러나 솔직히 나는 불신자들과 많은 공통점을 갖고 있는 것이 사실이다. 집세, 버릇없는 아이들, 집수리할 일, 차 닦는 일, 삐거덕거리는 부부생활, 나온 배, 스포츠에 대한 관심, 여러 가지 취미 등 갖가지 공통점을 갖고 있다. 이런 관점에서 볼 때 예수님이 죄인들의 친구로 불려졌던 사실은 의미가 있다."

그리고 조셉 알드리치는 이웃과 관계를 맺는 방법을 이렇게 제시하고 있다.

"첫째로 준비되어 있는 이웃을 그려보라. 당신 주위에 해결 받으려 하며 성령으로 준비되어 있는 사람들이 살고 있음을 깨달아야 한다. 하나님은 당신을 준비되어 있는 사람들에게로 인도하실 것이다. 대부분의 경우 이웃 전도에 있어서 첫째 단계는 태도에 관련되어 있다. 만일 사람들이 '성공할 것이다.' '성공하지 못할 것이다.'라고 생각하면 꼭 그대로 된다. 자신의 기대대로 이루어지기 때문이다. 우리는 인생에서 바라는 것을 얻게 된다.

둘째로 주도권을 잡고 사귀라. 누가 준비된 사람인가? 당신에게 반응하는 사람이다. 그러므로 당신에게 반응하는 사람이 그리스도를 받아들일 후보자이다. 사람들은 낯선 사람이 집에 들어오는 것을 좋아하지 않는다. 사실상 대부분의 사회에서 낯선 사람이 남의 집에 들어가려고 하는 것은 실례되는 행동이다. 그러므로 사람들은 낯선 사람보다도 낯익은 사람과 함께 어떤 일이나 이야기를 하려고 한다. 그러므로 올바른 결단을 내릴 수 있는 분위기를 만들기 위해서는 시간과 노력이 필요하다. 그리고 시간을 같이 보내는 것을 대신할 수 있는 것은 아무 것도 없다. 우리의 목적은 상대방이 결단을 내릴 수 있는 분위기를 만드는 것이다.

셋째로 관계를 강화하라. 전도의 대상자들을 찾기 위해서는 사람들과 사귀어야 한다. 이웃을 어떻게 사귈 수 있는지 도와주시도록 하나님께 구하라. 그들의 이름을 알아두어 실수하지 않도록 하라. 그리고 웃는 얼굴로 대하라. 그리고 친절하라. 그리고 잘 들어주라. 그리고 필요할 때는 적극적으로 도와야 한다.

넷째로 당신의 가정에 초대하라. 이를 위해서는 식사에 초대하는 것도 훌륭한 방법이다. 그러나 그들을 식사에 초대할 때 너무 요란스럽게 하지 않는 것이 좋다. 그들은 간단한 식사에 더 편안함을 느낄지도 모른다. 당신이 음식을 너무 잘 차리면 상대방은 그와 같이 차릴 수 없기 때문에 당신 부부를 초대하기를 주저할 수도 있다. 그렇다고 정성 없이 준비하라는 말은 아니다. 정성이 담긴 음식과 사랑을 가지고 손님을 대접하는 태도가 중요하다. 이웃을 식사에 초대하였을 때 영적인 것을 이야기해야 한다는 강박 관념을 갖지 마라. 그날 밤이 가기 전에 전도를 하지 않으면 실패한 것같이 느끼는 사람들이 많다. 그러나 그렇지 않다. 관계를 키우는 기간에 영적인 문제를 이야기하기는 쉽지 않다.

다섯째로 공동 관심사를 만들라. 이것의 목적은 공동의 경험을 나눔으로써 관계를 키우는 것이다. 가끔 접촉의 기회가 되는 공동 관심사가 될 수 있는 것들의 목록을 만들어보라.

여섯째로 공휴일을 활용하라. 크리스마스, 설날, 추석, 노동절 등과 같은 휴일을 이웃들과 관계를 키우는 좋은 기회로 사용하는 것이다.

일곱째로 어려운 사람들을 도우라. 인생이란 힘든 것이다. 병이나 사랑하는 사람들의 죽음, 결혼 생활, 경제적 어려움 등의 문제가 있는 이웃들을 돌아보고 도움으로써 그리스도의 사랑을 나타낼 수 있는 기회를 얻을 수 있다. 사람들은 당신이 얼마나 자신들에게 관심을 갖고 있는가를 알기 전에는 당신이 무엇을 알고 있는지에 관심이 없다는 것을 기억하라. 다른 사람들의 상처는 당신이 그들에게 좋은 소식이 될 수 있는 기회이다.

여덟 번째로 이웃들에게 책이나 테이프를 선물하라. 훌륭한 내용의 기독교 서적들과 테이프를 전도 선물용으로 준비하라. 사람들의 필요에 초점을 두고 있는 책들이 좋다. 전도에 있어서 창의성을 발휘하라. 이 모든 활동들의 목적은 이웃을 섬기기 위함이다.

아홉 번째로 추수할 적당한 방법과 도구를 찾아라. 물고기를 여러 방법으로 잡을 수 있다. 적당한 미끼를 선택하는 것도 중요한 일이다. 불신 친구들과 시간을 함께 보내고, 그들의 관심을 발견하고, 교제를 나누고, 그들에게 관심을 기울이는 것이 바로 미끼를 뿌리는 것이다.

열 번째로 구원을 위한 씨를 뿌리고 복음을 나눌 준비를 하라. 친구에게 예수님의 구원에 이르는 지식을 알려주는 것은 얼마나 기쁜 일인가!"

우리는 다른 사람은 나와 다른 사람이라는 것을 분명히 알아야 한다. 이것을 온전히 이해하는 사람들은 다른 사람은 자신과 다르다고 생각하기 때문에 그들과 비교하거나, 무시하거나, 미워하거나, 뜯어 고쳐주려고 하지 않는다. 전도대상자인 베스트를 있는 그대로 받아 드리고, 이해하고, 용납하고, 허용할 수 있어야 한다.

우리는 상대방을 사회적인 지위, 연령, 학력 따위로 대하지 말아야 한다.

마음을 열고 사람들을 받아드려야 한다.

전도대상자인 베스트와 진실한 인간관계를 맺기 위해서 우리의 모든 것을 함께 나누어야 한다.

여러 사람이 모여서 함께 나누는 것은 중요한 의미가 있다. 이 세상은 혼자서 살아가는 것은 너무나 힘든 곳이다. 따라서 모든 것을 나누어 가져야 한다. 아낌없이 주는 동안에 우리는 항상 더 큰 것을 되돌려 받는다. 그것은 나누어주는 그 순간에 얻는 기쁨이다. 감정을 나누어 가지는데 인색하지 마라. 기쁨 감정은 나눌수록 커지고 나쁜 감정은 나눌수록 줄어든다.

모든 사람에게 너그러운 사람이 되라. 모든 사람을 있는 그대로 보라. 전도 대상자들을 있는 그대로 보고 있는 그대로 받아들이라. 그들을 우리처럼 되기를 요구하지 마라. 우리와 다른 생각이나 느낌을 가지고 있는 사람을 이상한 사람이나 모자라는 사람이라고 생각지 마라. 그 사람으로서는 그렇게 생각하고 그런 기분을 느낄 수밖에 없는 충분한 이유가 있다는 것을 생각하라.

우리가 마음을 열고 그들의 이야기를 귀담아 듣고 그 사람 자체를 받아들일 준비를 해야 한다. 단순히 듣는다는 것과 받아들인다는 것은 상당한 차이가 있다. 사람은 소리라는 그릇 속에 뜻을 담고 기분을 실어서 자기를 나타내 보인다. 마음을 가다듬고 귀담아 듣고 받아들이지 않는다면 그들의 이야기들은 모두 귓전을 스쳐가고 만다. 이렇게 되어서는 진실한 만남이란 이루어질 수가 없다. 말속에 담긴 뜻과 그 밑바탕에 깔린 기분을 들어야 말귀를 알아듣는 것이다. 그렇게 받아들여야 마음이 통하고 배짱이 맞고, 그들을 있는 그대로 받아들여야 진실한 사랑을 알아보는 것이다. 뜻이 통하고, 마음을 알아주고, 그들을 알아보는 것이 바로 그들을 얻는 길이다.

■ 적용

① 관계 맺기 1단계 : Best와 차 마시기, 진행상황 나누기
② 관계 맺기 2단계 : 간단한(부담스럽지 않는) 선물하기

여기에서 새롭게 깨달은 것 중 개인적으로 적용하여 실천하고자 하는 것을 기록한 후 서로 나누어 보자.
관계를 맺고, 만나서 전하고, 배가를 하자.
더하기 번식이 아니고 반드시 승법 번식을 하자.

■ 기도

BEST의 마음을 열어 달라고 간절히 부르짖으며 기도하자.

5

전도소그룹 열린모임은 삶으로 전하는 운동이다.

이 세상에서 가장 아름다운 사람은 누구인가?

♡ 복음의 좋은 소식을 전하는 사람들이다.

♡ 복음의 능력으로 세상을 변화시키는 사람들이다.

♡ 복음의 능력으로 자신의 삶이 아름답게 변화된 사람들이다.

성경은 이렇게 말씀하고 있다.

"기록된바 아름답도다 좋은 소식을 전하는 자들의 발이여, 좋은 소식을 가져오며 평화를 공포하며 복된 좋은 소식을 가져오며 구원을 공포하며 시온을 향하여 이르기를 네 하나님이 통치하신다 하는 자의 산을 넘는 발이 어찌 그리 아름다운고"

(롬 10:15, 사 52:7).

복음성가 가사도 이렇게 말하고 있다.

"복음 들고 산을 넘는 자들의 발길 아름답고도 아름답도다. 평화전하며 복된 소식을 외치네. 주 다스리시네. 주 다스리시네. 주 다스리시네."

우리가 먼저 복음을 받아들여 우리의 삶이 아름답게 변화되어야 한다. 그리고 우리가 전하는 복음은 우리의 아름다운 삶으로 뒷받침해야 한다. 나 자신이 먼저 복음으로 삶이 변화되지 않았다면 어떻게 복음으로 세상을 변화시킬 수 있겠는가? 그러므로 복음전도를 위한 최고의 주장은 우리의 기쁨이 넘치는 아름다운 삶이다. 그러나 복음전도를 해치는 최대의 적은 그리스도인들의 변화가 없는 무미건조한 삶이다.

우리는 하나님의 사랑을 받았기 때문에 삶이 아름답게 변화될 수 있다. 하나님은 우리가 아름답기 때문에 우리를 사랑하신 것이 아니다. 우리가 부족하지만 하나님이 우리를 사랑해 주셔서 우리는 그 사랑으로 인하여 아름답게 변화될 수 있다. 누구나 하나님의 사랑을 받으면 삶이 아름답게 변화될 수 있다. 사실 아름다움이란 우리가 하나님의 성품을 닮아갈 때 가능해 진다. 그리고 우리가 일상생활 속에서 하나님의 성품을 표현하고 나타낼 때 전도는 이루어진다.

라이프스타일

전도자가 복음을 통하여 아름답게 변화되어 자신의 아름다운 삶으로 전도해야 한다. 전도라는 단어는 말로 전하는 것이지만 생활을 통하여 전하는 것도 포함되어 있다. 그러므로 전도자는 매일의 삶을 통하여 복음을 전하고 예수님을 반영해야 한다.

예수님은 이 세상에 오셔서 우리의 죄를 십자가에서 용서하기 위해서 죽으신 후 사흘 만에 부활 하셔서 하늘나라로 가셨다. 그렇다면 이제 세상 사람들은 예수님을 볼 수 없는가? 아니다. 이제는 예수님을 영접한 우리가 예수님을 보여 줄 수 있어야 한다.

우리는 매일 그리스도와 동행함으로 그리스도의 인격을 나타내야 한다. 그러므로 전도의 성패는 전도자의 라이프스타일에 달려 있다. 전도자가 매일의 삶에서 진실함과 헌신적인 섬김으로 불신자의 필요에 관심을 가지는 것이 필요하다. 만약 전도자가 바르게 살지 못하면 "당신부터 바르게 사시오."라는 책망을 듣게 된다.

국민일보의 임한창 기자는 이렇게 말한다.

퇴근 길 어느 지하철 역 지하상가에서 있었던 일이다. 만추의 고추바람이 매섭다. 시민들은 주머니에 손을 꽂은 채 모두 총총걸음이다. '예수천당 불신지옥'이라는 어깨띠를 두른 중년의 남성이 매우 탁한 목소리로 노방전도를 하고 있었다. 전도자는 입에서 침을 튀겨가며 맹렬한 기세로 천국과 지옥을 설명한다. 통로를 가로막고 서있는 전도자의 태도는 당당하다 못해 거만스러웠다. 전도자는 점점 용감해졌다. 경제위기로 가뜩이나 풀죽은 서민들을 향해 '어깨띠 전도자'는 저주 섞은 메시지를 퍼붓기 시작했다.

"하루살이 인생, 유황불 심판"

이러한 말에 서민들은 몸을 더욱 움츠렸다. 곧 한 바탕 격전이 벌어질 것 같다는 예감이 들었다. 전도자가 서있는 곳은 분명히 통행에 방해가 되는 곳이었기 때문이다. 아니나 다를까 한 신사가 전도자에게 다가가 고성과 통행방해를 지적했다. 전도자는 돌연 사나온 표정을 지으며 욕설과 저주의 융단폭격을 퍼부었다.

"복음전하는 일을 방해하는 놈은 사탄이다."

신사는 당혹스런 표정을 지었다. 그러나 곧 정신을 수습해 점잖게 한마디를 던지고는 군중 속으로 빨려 들어갔다.

"통행에 방해하지 마시오. 그리고 당신부터 바르게 사시오."

부끄러웠다. 불신자 같은 신자와 신자 같은 불신자를 보며 얼굴이 화끈거렸다. 어깨띠 전도자는 맹수였다. 그는 출퇴근길의 서민들과 자주 충돌했다. 베드로전서 5장 8절의 말씀처럼, 그는 흡사 우는 사자같이 두루 다니며 삼킬 자를 찾고 있었다. 이런 식의 전도는 정말 곤란하다. 전도는 말꾼이 아니라 아름다운 삶을 통하여 전하는 일군에 의해 열매를 맺는다. 불신자들은 말한다.

"예수 믿는 사람 치고 말 못하는 사람 없다."

신앙생활을 하다보면 하나님과의 기도문이 터져 말을 잘하는 것은 당연하다.

그러나 문제는 실천이 없는 '입술의 향연'에 그치고 만다는 것이다. 인격과 사랑이 동반되지 않은 전도는 비웃음을 당한다. 그리스도인의 삶의 모습은 영화의 예고편이다. 살아있는 전도지가 된다. 사람들은 말보다 삶을 보고 신앙을 결심한다.

접선파소간초

생활전도훈련원장 이왕복 목사의 '접선파소간초' 전도법은 그리스도인의 친절과 배려가 전도에 얼마나 큰 영향을 미치는가를 잘 보여주고 있다.

접선파소간초란 '접촉점 - 선물 - 파악 - 소망 - 간증 - 초청'의 줄임말이다. 그 내용이 매우 구체적이고 세밀해 소개한다.

한 사람을 전도하기 위해 맨 먼저 양서를 선물해 접촉점을 갖는다. 그리고 책을 찾으러 가면서 김치를 선물한다. 빈 그릇을 찾으러 갈 때는 밑반찬이나 약간의 과일을 주며 말을 건넨다. 이때 상대의 문제를 파악한다. 간단한 음식을 전해주며 문제에 대한 소망을 준다. 자신의 삶을 간증하며 복음을 전한다. 부부를 집으로 초청해 즐거운 대화를 갖고 절기에 맞춰 교회로 인도한다. 이런 과정을 거치면 틀림없이 전도에 성공한다는 것이다. 물고기를 잡는 낚시꾼들에게도 인내가 필요하다. 하물며 사람 낚는 어부는 오죽하겠는가? 어깨띠 전도자들은 다음 말에 귀를 기울여야한다.

"당신부터 바르게 사시오."

하나님의 사랑을 나타내야 한다.

성경은 이렇게 말씀하고 있다.

"새 계명을 너희에게 주노니 서로 사랑하라 내가 너희를 사랑한 것같이 너희도 서로 사랑하라 너희가 서로 사랑하면 이로써 모든 사람이 너희가 내 제자인줄 알리라"(요 13:34-35).

우리가 사랑을 실천할 때 그리스도는 다른 사람들에게 우리를 통해서 나타나시는 것이다. 우리가 사랑을 실천할 때 다른 사람들은 우리를 통하여 그리스도를 발견하는 것이다. 기독교의 핵심은 사랑이다. 성경의 핵심도 사랑이다. 성령의 열매도 첫째가 사랑이다. 하나님은 인간을 사랑을 위해서 창조 하셨다. 우리는 눈에 보이지 않는 하나님을 어떻게 사랑할 수 있겠는가? 그것은 눈에 보이는 사람들을 사랑하는 것이다. 사랑이란 무엇인가? 사랑이란 상대의 필요를 채워주는 것이다.

성경은 이렇게 말씀하고 있다. "내가 진실로 너희에게 이르노니 너희가 여기 내 형제 중에 지극히 작은 자 하나에게 한 것이 곧 내

게 한 것이니라"(마 25:35-40)

이 말씀의 결론은 이렇다. 우리가 예수님의 이름으로 사람들을 사랑하는 것이 바로 하나님을 사랑하는 것이다. 그러므로 우리가 그리스도의 사랑을 가지고 상대방의 필요를 채워주지 않는다면 그리스도를 사랑할 수 없다. 그러므로 우리는 먼저 복음을 통하여 그리스도의 사랑을 깨닫고 그 다음에는 그 사랑을 다른 사람들에게 실천해야 한다. 이것이 우리를 향한 하나님의 뜻이다. 우리 인생의 목적이 무엇인가? 그것은 그리스도의 사랑을 통하여 다른 사람들의 필요를 충족시키는 것이다. 성경이 말하는 아가페의 사랑은 행동하는 사랑이다. 예수님은 십자가에서 우리를 위하여 죽으심으로 우리의 필요를 채워 주셨다. 사랑이란 상대방의 최상의 행복을 위하여 필요를 채워주는 것이다.

조셉 알드리치는 행동하는 사랑을 이렇게 제시했다.

"사랑은 행동하는 것이다. 즉 설거지를 한다든가, 부엌일을 한다든가, 청소를 하는 행동이다. 로맨틱한 것이 아니라 현실적이고 관찰할 수 있는 것이다.

'나는 당신이 나에게 귀를 기울이거나 나와 시간을 함께 보낼 때, 사랑 받는 것을 느낀다.'

사람들은 이와 같은 말로 사랑의 체험적인 정의를 이야기하기도 한다. "너희가 서로 사랑하면 이로써 모든 사람이 너희가 내 제자인줄 알리라"(요 13:35). 주님은 이처럼 말씀하셨다. 그러면 그리스도의 말씀에서 나타나는 몇 가지의 중요한 원칙을 보기로 하자.

첫째로 사랑은 내면적인 '따스한 행복감' 이상의 것이다.

그것은 사람들 사이에 일어나는 만질 수 있고 볼 수 있는 현상이다. 사랑이 행동할 때 그것은 다른 사람들에게 보이고, 느껴지며, 경험될 수 있다.

둘째로 사랑은 체험될 때 불신자의 마음을 그리스도와 연결시켜 준다. '너희가 사랑하면 이로써 모든 사람이 너희가 내 제자인 줄 알리라' 진정한 사랑의 관계는 불신자의 관심을 그리스도에게로 향하도록 한다. 그것이 불신자를 복음에 대한 부정적인 태도에서 긍정적인 태도로 바꾸는 열쇠이다. 하나님의 성령이 살아있는 편지를 쓰실 때 성장하고, 사랑하는 관계는 결과로 나타난다. 불신자가 그러한 편지를 읽을 때 그는 저자이신 하나님을 인정하게 되는 것이다.

셋째로 사랑은 그리스도인들이 택할 수도 있고, 피할 수도 있다. 즉 그리스도를 믿는 사람에게는 누구나 보장된 태도가 아니라는 것이다. 만일 사랑하면 모든 사람이 그것을 알게 된다. 신약의 저자들은 사랑의 필요성을 몇 번이고 강조하며 권면하고 있다. 우리는 사랑을 표현하는 실제적인 방법들을 가지고 있어야 한다. 우리는 전도의 효과를 맺기 위하여 사랑하고 돌아보는 사람이 되어야 한다."

전도자의 행복이 어디에 있는가? 우리가 손을 뻗쳐서 다른 사람의 필요를 채워줄 때, 우리는 진정 행복을 경험하게 된다.

다음은 오스카 톰슨을 만나 사랑의 진정한 의미를 깨닫고 브렌다가 고백한 내용이다.

"오스카 박사님, 나는 과거에 나 중심의 삶을 추구했습니다. 나는 세상에서 나의 지위를 얻으려고 안간힘을 썼으며, 그리고 친구들 간에도 늘 갈등을 느꼈습니다. 나는, 사랑이 외부로 흘러갈 때, 다른 사람들의 필요 뿐 아니라, 나의 것도 충족됨을 알았습니다."

오스카 톰슨은 고독의 해결책을 이렇게 말하고 있다.

"당신은 고독을 느끼는가? 당신은, 아무도 당신에게 관심을 표하지 않으며, 아무도 당신을 사랑하지 않는다고 생각하는가? 당신은 우울증에 걸려 있는가? 처방을 해드리겠다. 당신에게 가까이 허락한 인간관계 안으로 뛰어 들어가서, 다른 사람의 필요를 채워주라. 이제 당신은 가서 다른 사람을 사랑하라. 나는, 이 세상에서 가장 행복한 사람들은 하나님의 사랑의 통로가 되는 분들이란 사실을 발견했다. 사랑은 필요를 채워주는 것이다. 사랑은 감정의 표현도 아니요, 느낌의 말도 아니다. 오히려, 사랑은 지성적인 언어요, 의지나 뜻의 구사요, 행동적 묘사이다. 사랑은 행함이다. 사랑은 관계들을 수립하고, 사랑은 관계들을 유지하며, 사랑은 관계들을 성취하며, 사랑은 관계들을 주도한다. 사랑은 필요를 충족케 하는 것이다."

진정한 소망을 나타내야 한다.

성경은 이렇게 말씀하고 있다.

"너희 마음에 그리스도를 주로 삼아 거룩하게 하고 너희 속에 있는 소망에 관한 이유를 묻는 자에게는 대답할 것을 항상 예비하되 온유와 두려움으로 하고"(벧전 3:15).

기독교의 소망은 무엇인가? 소망과 비슷한 말이 소원이 있는데 소원과 소망이 어떻게 다른가? 이 둘은 비슷하지만 끝이 다르다. 소원은 끝에 가서 이루어질 수도 있고 이루어지지 않을 수도 있다. 그러나 그리스도인의 소망은 다르다. 소망은 끝에 가서 반드시 이루어지는 것이다. 그리스도인이 가는 천국소망, 그리스도인에게 반드시 이루어지는 부활소망이 그리스도인의 진정한 소망이다. 또한 소망은 그 결과를 하나님이 보장하는 것이다. 또한 소망은 하나님이 있다고 약속한 것이다.

"천국이 있다."

"그리스도인에게 부활이 있다."

이렇게 말한 것은 인간이 만들어낸 것이 아니다. 하나님이 있다고 약속한 것이다. 그러므로 하나님이 보장하시고 반드시 이루어지는 것이다. 분명히 성경에는 믿는 자에게는 천국이 약속되어 있고 부활이 약속되어 있다. 분명히 천국은 갈 수도 있고 못 갈 수도 있는 것이 아니라 믿으면 반드시 가는 것이다. 하나님께서 철저하게 보장해 주신다.

조셉 알드리치는 기독교의 소망을 이렇게 제시하고 있다.

"소망은 절망으로 가득 찬 세상에 사는 불신자들의 주목을 끄는 또 하나의 거룩한 선전이다. 하나님의 자녀들은 세상의 염세주의가 소망의 유산을 해치도록 허락해서는 안 된다. 그리스도인과 불신자들은 인생의 슬픔과 아픔을 함께 나눈다. 그러나 그리스도인들은 소망이 없는 불신자들과 같은 슬픔을 갖고 있지 않다.

그리스도인들이 소망을 가지고 긍정적으로 인생의 고통을 대하는 것을 보면 불신자들은 무엇이 그와 같은 태도를 갖게 하는가에 관해 알고 싶어 하게 된다. 베드로는 불신자가 당신에게 당신의 소망에 관한 이유를 묻게 될 것이라고 말하였다. 베드로가 여기서 강조하는 바는 소망이 불신자들에게 관찰될 수 있도록 불신자와 교제하고 관계해야 하는 데 대한 필요성이다.

희망이 없이 절망적인 상황에서는 소망이 가장 큰 힘이다. 그렇다고 소망이 단순히 어려운 환경에서의 일시적인 반응에 불과하다는 말이 아니다. 소망은 전 생애를 통한 지속적이고 확고한 태도이다.

성경적 신학은 염세주의적 태도가 하나님의 자녀의 삶을 움직일 수 없음을 명백히 가르쳐준다. 세상에 파송되는 그리스도인은 희망에 차 있고 낙천적인 그리스도인들일 필요가 있다.

소망의 매력은 그것을 갈구하고 있는 불신자에게 매우 귀가 솔깃한 것이다. 그리고 그도 역시 소망으로 가득한 이유를 발견할 수 있게 될 것이다. 복음을 아름다운 삶으로 전하는 것은 복음이라는 악기를 가지고 음악으로 연주하는 것과 같다. 음악이 없이 복음을 언어로만 전달하려는 것은 복음의 능력을 크게 약화시킨다. 그러나 성경은 이 두 가지를 변행하고 있다. 베드로는 영적 문제에 무관심한 남편을 가진 아내에게 말을 그치고 음악을 연주하라고 격려함으로써(벧전 3장) 음악의 능력을 강조하였다. 구원받은 사람의 변화된 생활은 영적인 면에 무관심한 사람들을 인도하는 전략이다. 베드로는 아내들에게 내면의 아름다움을 계발하여 남편을 변화시키는 적극적인 힘으로 사용하도록 권면함으로 아름다움의 힘을 강조하였다."

그리스도의 빛을 나타내야 한다.

성경은 이렇게 말씀하고 있다.

"너희는 세상의 소금이니 소금이 만일 그 맛을 잃으면 무엇으로 짜게 하리요 후에는 아무 쓸데없어 다만 밖에 버리워 사람에게 밟힐 뿐이니라 너희는 세상의 빛이라 산 위에 있는 동네가 숨기우지 못할 것이요 사람이 등불을 켜서 말 아래 두지 아니하고 등경 위에 두나니 이러므로 집안 모든 사람에게 비취느니라 이같이 너희 빛을 사람 앞에 비취게 하여 저희로 너희 착한 행실을 보고 하늘에 계신 너희 아버지께 영광을 돌리게 하라, 너희가 전에는 어두움이 더니 이제는 주 안에서 빛이라 빛의 자녀들처럼 행하라, 너희는 다 빛의 아들이요 낮의 아들이라 우리가 밤이나 어두움에 속하지 아니하나니, 우리는 그의 만드신 바라 그리스도 예수 안에서 선한 일을 위하여 지으심을 받은 자니 이 일은 하나님이 전에 예비하사 우리로 그 가운데서 행하게 하려 하심이니라, 너희가 이방인 중에서 행실을 선하게 가져 너희를 악행 한다고 비방하는 자들로 하여금 너희 선한 일을 보고 권고하시는 날에 하나님께 영광을 돌리게 하려 함이라"(마 5:13-16, 엡 5:8, 살전 5:5, 엡 2:10, 벧전 2:12).

사람이 등불을 켜는 이유가 무엇인가?

등불을 켰으면 높이 들어 올려서 집안 모든 사람에게 비취어야 한다. 우리도 세상의 등불이다. 그러므로 우리는 세상 사람들에게 빛으로 나타나야 한다. 어떻게 하면 빛을 발할 수 있는가? 그것은 사람들에게 선행을 실천하는 것이다. 그 때 불신자들은 우리의 착한 행실을 통하여 복음을 발견하고 믿어 하나님께 영광을 돌리게 된다. 그러므로 선행은 전도의 강력한 도구이다. 주위 환경에서 사람들을 돕고, 격려하고, 희생적인 봉사활동은 불신자에게 중요한 선전이다. 우리는 바로 선행을 통하여 상대방의 필요를 채워야 한다. 우리는 선행을 위하여 창조된 사람들이다. 우리가 소유한 진정한 믿음은 선행으로 나타나야 한다.

조셉 알드리치는 선행과 좋은 소식을 이렇게 연결시켜 제시하고 있다. "우리는 생활의 행동을 통하여 사랑의 실제적인 표현을 찾아야 한다. 우리가 그렇게 할 때 복음은 행동으로 옮겨진다. 술 주정뱅이가 사랑을 받아 술의 지옥에서 빠져 나올 때 복음은 비로

소 좋은 소식이 되는 것이다. 또한 간음하는 남편이 그의 아내와 가족에게로 돌아올 때 좋은 소식이 된다. 그리고 그리스도인들이 고아들을 입양하며 버려지고 소망 없는 사람들을 돌아볼 때 복음이 좋은 소식이 되는 것이다.

신자들이 인간의 고통과 상처를 치료할 때 복음은 거룩한 음악이 되는 것이다. 성령은 그리스도인과 불신자의 사회에 하나님의 사랑의 통로가 되도록 우리들 각자에게 재능을 주셨다. 아내의 요리 솜씨는 많은 불신자들에게 하나님의 사랑을 보여주는 통로가 되어 그리스도께로 돌아오도록 돕고 있다. 또한 하나님은 이웃을 그리스도께 인도하기 위하여 망치와 톱 다루는 남편의 손재주를 사용하시기도 한다."

교회는 그리스도의 몸으로 이 세상에 존재한다. 그러므로 교회는 주님의 영광과 주님의 향기를 나타내어야 할 책임과 의무가 있다. 교회는 주님의 신부로서 존재한다. 그러므로 교회는 정결하고 아름다워야 한다. 교회는 향기를 발하고 아름다워야 한다.

초대교회의 매력은 무엇인가?

초대교회 공동체가 매우 매력적이기 때문에 사람이 찾아와서 전도가 된 것을 볼 수 있다.

성경은 이렇게 말씀하고 있다. "하나님을 찬미하며 또 온 백성에게 칭송을 받으니 주께서 구원받는 사람을 날마다 더하게 하시니라"(행 2:47). 사도행전에 나타난 초대교회의 생활을 보면 세 가지 눈길을 끄는 말이 있다. 첫째로 모든 사람들이 한 마음이 되었다. 둘째로 서로 서로가 자발적으로 도왔다. 셋째로 분위기가 항상 밝고 기쁘고 순수했다. 분위기가 좋으니 계속 선전하지 않아도 사람들이 제발로 걸어 들어왔다. 초대교회 성도들이 온 백성에게 칭송을 받으니 주께서 구원받는 사람을 날마다 더하게 했다.

그러므로 참다운 전도의 비결은 먼저 빛을 발하는 교회가 되어야 한다. 매력 있는 교회가 되어야 한다. 사람들이 찾아오고 싶은 교회를 만들어야 한다. 우리 자신의 아름다운 모습과 착한 행실을 통한 전도가 훨씬 더 힘이 있다.

우리가 전도를 해보면 예수님은 좋은 분이고, 천국에는 가고 싶지만 예수 믿는 사람들이 보기 싫어서 교회 나가기 싫다고 말하는 사람들이 있다. 예수 믿는 사람이 다른 사람에게 손해를 입히고, 독선적이고, 위선적이고, 이기적이고, 배타적인 모습을 보여 주니까 교회에 대하여 실망하고 심지어 분노까지 하며 거부감을 갖는다. 그러므로 우리는 변화된 삶으로 전도해야 한다.

그리스도의 편지로서 읽혀져야 한다.

성경은 이렇게 말씀하고 있다.

"너희가 우리의 편지라 우리 마음에 썼고 뭇사람이 알고 읽는 바라 너희는 우리로 말미암아 나타난 그리스도의 편지니 이는 먹으로 쓴 것이 아니요 오직 살아 계신 하나님의 영으로 한 것이며 또 돌비에 쓴 것이 아니요 오직 육의 심비에 한 것이라"(고후

3:2-3). 세상 사람들은 성경에 나타나 있는 하나님의 사랑을 읽지 않는다. 그들은 우리의 생활과 그리스도인들과의 관계 속에서 나타나는 하나님의 사랑을 읽고 있다. 우리는 원하든지, 원하지 않든지 살아있는 편지로서 읽혀지고 있다. 우리는 문자 그대로 세상 사람들을 위하여 성경을 보여주는 사람들이다. 하나님은 사람들에게 기록된 말씀과 살아 있는 편지인 우리를 통하여 말씀하고 있다. 그렇다면 우리의 삶은 어떠한가? 과연 불신자들이 읽고 그리스도의 복음을 발견할 수 있는가?

사람들에게 관심을 가져야 한다.

우리는 사람들에게 순수한 관심을 보여야 한다. 그러나 이것은 쉽지 않다. 왜냐하면 인간은 누구나 자기 자신에게 관심이 있기 때문이다. 당신은 여러 사람과 함께 찍은 사진을 볼 때 가장 먼저 누구의 얼굴을 찾는가? 이처럼 우리는 자기 자신에게 관심이 있지 다른 사람을 생각하지 못할 때가 많다.

그러므로 우리가 불신자들을 위해서 자신의 시간과 노력을 아낌없이 바치며 진심으로 관심을 표현하면 아무리 바쁜 사람이라도 주의를 기울여주고, 시간도 내주며, 복음을 들어주게 되는 것이다. 왜냐하면 인간은 자신에게 관심을 보여주는 사람에게 관심을 갖기 때문이다.

■ **적용**

열린 모임에 초청하기를 원하는 태신자 명단 7명을 적어보자.

내 주변 영향권에 있는 사람들 중 주중에 한 시간 이상 만날 수 있는 사람을 적는다.

실제로 전도가 되어 지려면 내가 만날 수 있고, 내가 다니는 교회로 인도할 수 있어야 한다.

여기서 새롭게 깨달은 것 중 개인적으로 적용하여 실천하고자 하는 것을 기록한 후 서로 나누어 보자.

나의 사역에 동역할 헌신된 일꾼이 될 사람을 찾아야 한다. 사명자와 일꾼을 찾아야 한다.

■ **기도**

태신자 명단을 두고 하나님께 그들의 마음을 여시도록 함께 부르짖고 기도하자.

6

전도소그룹 열린모임은 순종으로 전하는 운동이다.

우리가 전도소그룹 열린모임을 잘할 수 있는 비결이 무엇인가? 하나님의 전도하라는 절대 명령에 순종하는 것이 그 비결이다.

하나님께 순종하면 역사가 일어난다.

하나님의 백성들이 순종하니 요단강이 갈라졌다.

순종하니 굳게 닫혀 있던 여리고 성문이 열리고

견고한 성벽이 무너져 내렸다.

그러므로 전도는 순종으로 하는 것이다.

우리는 핑계와 변명을 버려야 한다.

"시간이 없어요."라고 말하지 말고,

"시간이 있어요."로 바꾸어야 한다.

"나는 못해요."라는 말을 하지 말고,

"나 순종할래요."로 바꾸어야 한다.

그러므로 우리는 하나님께 순종함으로 전도의 사명을 감당해야 한다. 순종하지 않는 사람은 전도할 수 없다. 전도는 순종하면 하나님의 역사를 경험하게 되는 것이다. 전도는 은사가 아니라 사명인 것이다. 그러므로 하나님은 우리에게 분명하게 명령하셨다.

"하나님 앞과 산 자와 죽은 자를 심판하실 그리스도 예수 앞에서 그의 나타나실 것과 그의 나라를 두고 엄히 명하노니 너는 말씀을 전파하라 때를 얻든지 못 얻든지 항상 힘쓰라 범사에 오래 참음과 가르침으로 경책하며 경계하며 권하라, 또 가라사대 너희는 온 천하에 다니며 만민에게 복음을 전파하라, 허락지 아니하시고 저에게 이르시되 집으로 돌아가 주께서 네게 어떻게 큰일을 행하사 너를 불쌍히 여기신 것을 네 친속에게 고하라 하신대, 주인이 종에게 이르되 길과 산울 가로 나가서 사람을 강권하여 데려다가 내 집을 채우라, 오직 성령이 너희에게 임하시면 너희가 권능을 받고 예루살렘과 온 유대와 사마리아 땅 끝까지 이르러 내 증인이 되리라 하시니라, 너희는 먼저 그의 나라와 그의 의를 구하라 그리하면 이 모든 것을 너희에게 더하시리라"(딤후 4:1-2, 막 15:16, 5:19, 눅 14:23, 행 1:8, 마 6:33).

여기 말씀들은 우리가 영혼을 구원하기 위해서 전도자가 되어야 한다는 하나님의 분명한 명령이다. 어떤 분이 명령을 내리셨는가? 하늘과 땅의 모든 권세를 가지신 분이시다. 산 자와 죽은 자를 심판하실 하나님께서 명령을 내리셨다. 하나님의 명령이 얼마나 엄한지 살펴보라. 이 명령을 살펴보면 전도하지 못할 이유가 없다. 그러므로 영혼을 구원하기 위해서 전도하지 않는 것은 하나님의 절대 명령을 불순종하는 죄를 범하는 것이다.

참된 권위를 가지신 분이 명령하셨다

우리는 예수님의 권세를 이해해야 한다. 예수님의 권세는 그분이 강요하여 얻어낸 것이 아니라 그분에게서 저절로 흘러나온 것이다. 성경은 이렇게 말씀하고 있다.

"갈릴리 해변에 다니시다가 두 형제 곧 베드로라 하는 시몬과 그 형제 안드레가 바다에 그물 던지는 것을 보시니 저희는 어부라 말씀하시되 나를 따라 오너라 내가 너희로 사람을 낚는 어부가 되게 하리라 하시니 저희가 곧 그물을 버려두고 예수를 좇으니라 거기서 더 가시다가 다른 두 형제 곧 세베대의 아들 야고보와 그 형제 요한이 그 부친 세베대와 한가지로 배에서 그물 깁는 것을 보시고 부르시니 저희가 곧 배와 부친을 버려두고 예수를 좇으니라"(마 4:18-22).

예수님이 어부들에게 오셔서 단순히 '나를 따르라.' 고 말씀하시자, 그들은 모든 것을 버려두고 그대로 따른다. 예수님이 마태복음 5장에서 7장까지 산상수훈을 베푸시자, 모든 사람은 그의 가르침이 '권세 있는 자' 와 같은 것을 보고 놀라고 있었다.

"예수께서 이 말씀을 마치시매 무리들이 그 가르치심에 놀래니 이는 그 가르치시는 것이 권세 있는 자와 같고 저희 서기관들과 같지 아니함일러라"(마 7:28-29).

예수님은 과연 어떤 분인가? 그분은 병을 고치시고, 악령을 쫓아내시고, 광풍의 바다를 잠잠케 하셨다. 그래서 사람들은 그분의 권세에 탄복했다. 이 모든 일 후에 예수 그리스도께서 제자들에게 '나를 누구라 생각하느냐' 고 묻자, 베드로는 대답했다.

"주는 그리스도시요 살아 계신 하나님의 아들이시니이다"(마 16:16).

예수님은 하늘과 땅의 모든 권세를 가지신 분이시다.

바로 그분이 우리에게 전도의 절대 명령을 주셨다.

전도란 하나님의 절대 명령에 순종하는 것이다.

우리는 예수님을 우리 인생의 주인으로 영접했다.

우리가 전도해야할 이유는 예수님이 우리의 주님이시기 때문이다. 하늘과 땅의 모든 권세를 가지신 예수님이 우리의 주님이라면 우리에게 전도란 선택의 여지가 없다. 그 일은 해도 되고 안 해도 되는 것이 아니라 해야만 하는 것이다.

우리의 인생의 주인 되시는 그분이 말씀하셨다.

"우리를 명하사 백성에게 전도하되 하나님이 산 자와 죽은 자의 재판장으로 정하신 자가 곧 이 사람인 것을 증거하게"(행 10:42).

그러므로 우리는 전도를 하기 전에 우리들 자신에게 물어 보아야 한다.

"누가 나의 인생을 주관하고 있는가?"

"예수님은 진정으로 나의 주님이신가?"

그러므로 예수님을 주인으로 인정하는 사람은 전도할 수밖에 없다. 만약 예수님이 우리의 중심에 계시지 않는다면 어떻게 다른 사람에게 "예수님을 당신의 구세주로 영접하시오."라고 말하겠는가? 하나님이 우리에게 명령하시는 것이 무엇인가? 하나님은 우리에게 주시는 말씀을 듣고 순종한다면 하나님이 확실하게 우리의 삶에 임재하셔서 자신을 나타내 주신다. 우리가 하나님이 명령하시는 것을 바로 알고 순종한다면 하나님은 매우 기뻐하신다.

이제 하나님의 명령을 살펴보라.

하나님이 명령하셨다

하나님이 제일 기뻐하시는 것은 죄인이 회개하고 하나님께 돌아오는 것이다. 누가복음 15장 1절부터 32절은 죄인이 말씀을 듣기 위하여 예수님께 가까이 나아 올 때, 그 당시 종교 지도자들은 기뻐하지 않고 오히려 원망하고 불평하였다. 예수님은 이러한 잘못을 깨우쳐 주기 위해서 세 가지 비유를 들어 설명하신다.

죄인이 회개하고 하나님께 돌아오는 것을 얼마나 기뻐하시는지 알려주신다. 바리새인과 서기관들이 기뻐하지 않고(눅 15:1-2), 탕자의 비유에서는 탕자의 형이 기뻐하지 않았다. 탕자가 회개하고 돌아왔을 때, 형은 기뻐하기보다는 오히려 화를 내고 있다. 아버지는 돌아온 동생을 "이 네 동생"(눅 15:32)이라고 말한다. 그 집에 살고 있는 종들도 "당신의 동생이"(눅 15:27)라고 말한다.

그러나 이 못된 형은 자기 동생을 자기 동생으로 인정하지 않고 "아버지의 살림을 창기와 함께 먹어 버린 이 아들"이라고 말한다.

그러나 하나님은 이 말씀을 통해서 죄인이 회개하고 돌아오면 하나님께서 기뻐하시며 하늘에서는 기쁜 잔치가 벌어지는 것을 말씀하신다. 그렇다면 하나님께서 가장 기뻐하시는 것은 죄인이 하나님께 돌아오는 전도이다.

그렇다면 당신은 전도를 열심히 실천하고 있는가?

아브라함의 기도를 살펴보라(창 18:22-33).

하나님은 소돔과 고모라 성을 멸하실 때 아브라함은 하나님께 이렇게 질문한다.

"만약에 그곳에 의인 50명이 있다면 멸하시겠습니까?"

하나님은 의인 50명이 그곳에 있다면 멸하지 않겠다고 말씀하신다. 아브라함은 "45명이 있다면, 30명이 있다면, 20명이 있다면, 10명이 있다면 멸하시겠습니까?" 하고 차례대로 질문한다.

아브라함이 그렇게 질문한 이유가 무엇인가?

아브라함은 조카 롯이 50명 정도는 전도했을 것이라고 생각했기 때문이다. 50명이 아니라면 적어도 10명 정도는 전도했을 것이라고 생각했다. 그러나 아브라함의 조카 롯이 10명을 전도하지 못해서 결국 소돔과 고모라 성은 멸망을 당했다.

그러므로 우리나라가 멸망을 당하지 않는 비결이 있다.

그것은 우리가 열심히 전도해서 우리나라에 의인이 가득하게 하는 것이다. 그러면 우리나라는 멸망을 당하지 않는다.

그렇다면 당신이 살고 있는 곳은 어떠한가?

의인 10명이 있는가?

롯은 자기가 살고 있는 곳에서 그리스도인으로서 영향력을 끼치지 못하고 전도를 하지 못했다. 당신은 당신이 살고 있는 곳에서 그리스도인으로서 빛과 소금의 직분을 감당함으로 복음을 전하고 있는가?

목숨을 걸고 사랑하라고 명령하셨다

성경은 이렇게 말씀하고 있다.

"예수께서 가라사대 네 마음을 다하고 목숨을 다하고 뜻을 다하여 주 너의 하나님을 사랑하라 하셨으니 이것이 첫째 되는 계명이요"(마 22:37-38).

하나님은 우리에게 모든 것을 다 바쳐서 사랑하라고 명령하신다. 그분은 우리에게 최대의 사랑을 요구하실 자격이 있으시다. 왜냐하면 예수님이 먼저 우리를 사랑하시되 자신의 목숨을 바쳐서 사랑해 주셨기 때문이다.

성경은 말씀하고 있다.

"하나님의 사랑이 우리에게 이렇게 나타난바 되었으니 하나님이 자기의 독생자를 세상에 보내심은 저로 말미암아 우리를 살리려 하심이니라 사랑은 여기 있으니 우리가 하나님을 사랑한 것이 아니요 오직 하나님이 우리를 사랑하사 우리 죄를 위하여 화목제로 그 아들을 보내셨음이라"(요일 4:9-10).

성경은 말씀하고 있다.

"하나님이 세상을 이처럼 사랑하사 독생자를 주셨으니 이는 저를 믿는 자마다 멸망치 않고 영생을 얻게 하려 하심이라"(요 3:16).

성경은 말씀하고 있다.

"그가 우리를 위하여 목숨을 버리셨으니 우리가 이로써 사랑을 알고"(요일 3:16).

> 우리는 과연 누구인가?
> 바로 하나님의 사랑을 체험한 사람들이다.
> 사랑은 사랑을 요구한다.
> 그러므로 우리도 하나님을 사랑할 수 있어야 한다.
> 그러면 진정한 사랑이란 무엇인가?
> 상대를 위해서 행동하는 사랑이다.
> 말로만 사랑해서는 안 된다.
> 무엇이 하나님을 사랑하는 것인가?

성경은 말씀하고 있다.

"하나님을 사랑하는 것은 이것이니 우리가 그의 계명들을 지키는 것이라, 나의 계명을 가지고 지키는 자라야 나를 사랑하는 자니, 예수께서 대답하여 가라사대 사람이 나를 사랑하면 내 말을 지키리니"(요일 5:3, 요 14:21, 요 14:23).

여기 여러 말씀들은 하나님의 말씀에 순종하는 것이 사랑이라고 소개하고 있다. 그래서 예수님의 말씀을 지키지 않는 것은 예수님을 사랑하지 않는 것이다.

예수님은 말씀하셨다. "나를 사랑하지 아니하는 자는 내 말을 지키지 아니하나니"(요 14:24).

예수님의 계명은 무엇인가?

예수님은 우리에게 새 계명을 주셨다.

"새 계명을 너희에게 주노니 서로 사랑하라 내가 너희를 사랑한 것 같이 너희도 서로 사랑하라, 둘째는 그와 같으니 네 이웃을 네 몸과 같이 사랑하라 하셨으니"(요 13:34, 마 22:39).

예수님이 주신 계명은 그분이 우리를 사랑해 주신 것처럼 우리도 이웃을 사랑하는 것이다.

그러면 이웃에 대한 최대의 사랑은 무엇인가?

지옥에 가는 영혼에게 복음의 기쁜 소식을 전해 주어 하늘나라에 갈 수 있도록 도와주는 것이다.

이것 보다 더 큰사랑은 없다.

남편에 대한 최대의 사랑도 복음을 전해 주는 것이다.
부모에 대한 최대의 사랑도 복음을 전해 주는 것이다.
자녀에 대한 최대의 사랑도 복음을 전해 주는 것이다.

예수님은 우리 인간들을 사랑하셔서 우리를 구원하시려고
이 세상에 오셨다. 그래서 그분은 말씀하셨다. "인자의 온 것은 잃어버린 자를 찾아 구원하려 함이니라"(눅 19:10).

예수님은 우리를 어떻게 사랑해 주셨는가?

자신을 우리와 동일시하셨다.

하늘에서 이 땅에까지 낮아 지셨다.

사도 바울은 그 사실을 이렇게 소개한다.

"너희 안에 이 마음을 품으라 곧 그리스도 예수의 마음이니 그는 근본 하나님의 본체시나 하나님과 동등 됨을 취할 것으로 여기지 아니하시고, 오히려 자기를 비어 종의 형체를 가져 사람들과 같이 되었고"(빌 2:5-7).

예수님은 우리를 돌보아 주셨다.

우리가 죄로 인하여 죽어 지옥에 들어갈 운명에 처해 있을 때, 우리 주님은 우리를 외면하시지 않으시고 우리의 문제를 함께 나누셨다. 우리의 죄를 손수 처리해 주시고 담당해 주셨다.

우리를 있는 그대로 받아 주셨다.

이것을 보고 하나님 아버지께서도 기뻐하셨다.

그래서 사도 바울은 이렇게 권면한다.

"이러므로 그리스도께서 우리를 받아 하나님께 영광을 돌리심과 같이 너희도 서로 받으라"(롬 15:7).

우리도 예수님을 본받아 사랑으로 전도해야 한다.

사람들은 억지로 종교를 쑤셔 넣는 것을 못 견디어 한다.

그래서 우리는 노련한 전도자처럼 정중하게 사람들을 도울 수 있어야 한다. 우리가 사랑으로 이야기할 때 하나님이 우리와 함께하시며 역사해 주신다.

사랑은 두려움을 내어 쫓는다. 우리가 사랑으로 전할 때, 불신자는 두려워하지 않고 복음을 받아 드릴 수 있다.

성경은 말씀하고 있다. "사랑 안에 두려움이 없고 온전한 사랑이 두려움을 내어 쫓나니"(요일 4:18).

우리가 전도할 때, 전도 대상자를 한 인격으로서 그 사람 자신에게 진지한 관심을 가져야 한다. 예수님은 공적으로나 사적으로 사람들에게 전혀 창피를 주지 않으셨다.

우리는 긴장을 풀고 부드러운 분위기를 조성해야 한다.

그때 우리는 의미 깊은 대화를 나눌 수 있다.

결코 궁지에 몰리게 해서는 안 된다.

기억하라.

죄인의 마음을 열게 하는 것은 하나님의 사랑이다.

우리의 대화 속에 예수님이 들어오실 수 있어야 한다.

열매를 맺으라고 명령하셨다

성경은 말씀하고 있다.

"이에 비유로 말씀하시되 한 사람이 포도원에 무화과나무를 심은 것이 있더니 와서 그 열매를 구하였으나 얻지 못한지라 과원지기에게 이르되 내가 삼 년을 와서 이 무화과나무에 실과를 구하되 얻지 못하니 찍어 버리라 어찌 땅만 버리느냐 대답하여 가로되 주인이여 금년에도 그대로 두소서 내가 두루 파고 거름을 주리니 이후에 만일 실과가 열면이어니와 그렇지 않으면 찍어 버리소서 하였다 하시니라"(눅 13:6-9).

성경에서 우리 그리스도인들은 여러 가지로 비유된다.

군인, 양, 신부, 농부, 그릇, 향기, 빛, 소금, 운동선수, 그리고 열매 맺는 유실수로 비유된다.

누가복음 13장 6절부터 9절에는 열매 맺지 못하는 무화과나무가 등장한다. 주인은 열매를 맺지 못하는 나무를 찍어 버리라고 명령하신다. '열매를 구하였으나 얻지 못한지라 과원지기에게 이르되 내가 삼 년을 와서 이 무화과나무에 실과를 구하되 얻지 못하니 찍어 버리라 어찌 땅만 버리느냐'

열매에는 인격의 열매인 성령의 열매(갈 5:22-23)와, 사역의 열매가 있다. 그 사역의 열매 중에 영혼을 하나님께로 인도하는 전도의 열매가 있다. 그러므로 우리는 전도의 열매를 맺어야 한다. 열매를 간절히 기대하시는 하나님의 마음을 헤아려 알아야 한다.

■ 적용

태신자 중 3명의 BEST를 정하여, BEST카드에 표시하자.

BEST를 위해 매일 기도시간을 정해 기도하도록 하자.

여기서 새롭게 깨달은 것 중 적용하여 실천하고자 하는 것을 기록한 후 서로 나누어 보자.

■ 기도

BEST를 위해 팀원들이 함께 부르짖으며 기도하자.

7

전도소그룹 열린모임은
그리스도인의 사명이다.

성경은 우리를 복음의 빚진 자로 소개하고 있다.

"헬라인이나 야만이나 지혜 있는 자나 어리석은 자에게 다 내가 빚진 자라 그러므로 나는 할 수 있는 대로 로마에 있는 너희에게도 복음 전하기를 원하노라"(롬 1:14-15).

우리는 복음의 빚진 자이다

만일 우리가 구원받은 하나님의 자녀라면 그것은 누군가 우리에게 복음을 전해 주었기 때문이다. 그러므로 우리도 다른 사람에게 복음을 전해 주어야 할 책임이 있다. 우리는 빚을 지고 있는 것이다. 우리는 우리 주변의 잃어버린 영혼들에게 빚을 지고 있다. 그러므로 우리가 전도할 때 우리는 복음의 빚진 자로서 빚을 갚는 것이다. 빚을 갚는 것은 매우 기쁜 일이다. 하나님은 복음의 빚진 자로서 우리가 복음을 전하지 않으면 우리 손에서 그 피의 대가를 찾으시겠다고 경고하셨다.

"가령 내가 악인에게 이르기를 악인아 너는 정녕 죽으리라 하였다하자 네가 그 악인에게 말로 경고하여 그 길에서 떠나게 아니하면 그 악인은 자기 죄악 중에서 죽으려니와 내가 그 피를 네 손에서 찾으리라"(겔 33:8). 그래서 우리는 복음을 전해야 한다.

우리는 사람 낚는 어부이다

예수님은 우리를 사람 낚는 어부로 부르셨다.

"말씀하시되 나를 따라 오너라 내가 너희로 사람을 낚는 어부가 되게 하리라 하시니"(마 4:19).

여기서 인간이 해야 할 일과 하나님이 하셔야할 일을 분명하게 구분하고 있다. 우리의 할 일은 우리를 사람 낚는 어부로 불러 주신 예수님을 따라가는 것이다. 하나님이 하시는 일은 우리가 주님을 따라가는 삶을 살아갈 때, 우리를 사람 낚는 어부로 만들어 주신다.

모든 그리스도인은 전도하라는 소명을 이미 받았다.

즉 성령을 모신 그리스도인은 이미 전도자로 소명을 받았고, 전도에 필요한 성령의 권능까지 받았다.

성경은 이렇게 말씀하고 있다.

"오직 성령이 너희에게 임하시면 너희가 권능을 받고 예루살렘과 온 유대와 사마리아 땅 끝까지 이르러 내 증인이 되리라 하시니라"(행 1:8). 그래서 우리는 복음을 전해야 한다.

우리는 놀라운 축복을 가지고 있다

우리는 우리가 가지고 있는 놀라운 축복 때문에 전도해야 한다. 열왕기하 7장 3-10절에 등장하는 네 명의 문둥이들의 고백을 들어보라. 성경은 이렇게 말씀하고 있다.

"우리의 소위가 선하지 못하도다 오늘날은 아름다운 소식이 있는 날이어늘 우리가 잠잠하고 있도다 만일 밝은 아침까지 기다리면 벌이 우리에게 미칠지니"(왕하 7:9).

이 말씀은 우리가 전도해야 하는 이유를 분명하게 소개하고 있다. 캄캄한 밤에 어디에선가 애처로운 울음소리가 들려 온다.

"아이고 배고파라, 아이고 배고파 죽겠네."

이 소리는 주림의 고통에서 온 아이들의 울음소리였다.

왜냐하면 사마리아 성이 아람 나라 사람들에 의하여 오랫동안 포위되어 성안에 먹을 것이 아무 것도 없었기 때문이다. 그런데 이 세상에서 가장 불쌍한 네 명의 문둥이는 사마리아 성에서는 왕이라도 먹을 수 없는 맛있는 음식을 먹고 있었다. 배가 터져라 먹고, 마시고, 좋은 것을 즐기고 있었다. 그 때 마침 어떤 생각이 떠올라 양심의 찔림을 느꼈다. 그 이유는 자기 나라 사람들이 굶어 죽어 가고 있는데 자기들만 좋은 음식을 먹고 있었기 때문이다.

성경은 이렇게 말씀하고 있다.

"우리의 소위가 선치 못하도다 오늘날은 아름다운 소식이 있는 날이어늘 우리가 잠잠하고 있도다. 만일 밝은 아침까지 기다리면 벌이 우리에게 미칠지니 이제 떠나 왕궁에 가서 고하자"(왕하 7:9). 그래서 문둥이 네 사람은 자기들에게 닥쳐온 좋은 일에 대한 감사를 다른 사람들에게 알려주기로 결심했다. 그리고 그것을 실천하여 사마리아 성의 자기 민족을 구원하였다. 이들을 통해서 전도의 진정한 이유를 발견할 수 있다.

우리가 가진 것은 무엇인가?

네 명의 문둥이들은 현재로서는 그들이 원했던 모든 것을 거의 다 가지고 있었다. 그들은 굶어 죽을 지경에서, 절망적인 상황에서, 슬픔 가운데 있다가 이제는 마음껏 먹고 마음에 기쁨을 얻어 행복하게 되었다. 아람 진에는 먹을 것이 가득하였다. 그래서 사마리아 성에 가서 알려주었다.

그러면 우리는 무엇을 가지고 있는가?

문둥이들은 육체적이고 현세적인 구원을 받았지만 우리는 그리스도 안에서 영적이고 영원한 축복의 구원을 받았다. 그들은 배고픔의 고통에서 해방되었지만 우리는 죄와 사망의 고통에서 해방되었다. 우리에게 무엇이 있는가?

우리에게 있는 기쁨, 평안, 위로, 영생의 소망, 그리스도안의 교제, 이 모든 것은 분명히 다른 사람에게 줄 만한 가치가 있다.

그런데 우리는 이기적으로 우리만 가지고 있어야 하겠는가?

그러므로 문둥이들이 굶어 죽어 가는 불쌍한 사람들을 위해 좋은 소식을 전해 준 것처럼, 우리도 다른 사람들에게 복음을 전해 주어야 한다.

세상의 필요를 보아야 한다

그 당시에 사마리아성 안에는 수많은 사람들이 굶어 죽어 가고 있었다. 그들의 상황은 비참하고, 궁핍이 너무 심하여, 어떤 어머니들은 자기가 좀더 살기 위해서 자기 자식을 잡아먹고 있었다. 이보다 더 큰 궁핍을 상상할 수 있겠는가? 문둥이들은 이 사실을 알고 가서 구원의 소식을 알려 주었다.

이와 같이 우리 주위에도 생명의 떡이 없어서 멸망해 가는 수많은 사람들이 있다. 그들의 필요는 우리 그리스도인들이 공급해 줄 수 있다. 오늘날 이 세상에는 영적인 양식인 하나님의 말씀을 먹지 못하여 기갈 중에 있는 사람들이 많이 있다.

성경은 이렇게 말씀하고 있다.

"주 여호와께서 가라사대 보라 날이 이를지라 내가 기근을 땅에 보내리니 양식이 없어 주림이 아니며 물이 없어 갈함이 아니요 여호와의 말씀을 듣지 못한 기갈이라"(암 8:11).

전하지 않으면 위험이 있다

사마리아 성 사람들이 먹지 못하여 굶어 죽어 가는 것도 위험한 일이었다. 그러나 더 큰 위험은 좋은 소식을 전해 주지 못하는 사람들에게 있다. 그러나 네 명의 문둥이들은 하나님 말씀의 경고를 깨달았다.

성경은 이렇게 말씀하고 있다.

"만일 밝은 아침까지 기다리면 벌이 우리에게 미칠지니 이제 떠나 왕궁에 가서 고하자"(왕하 7:9).

그 사람들은 감히 지체하지 않았다.

아름다운 소식을 보류하지 않았다.

우리는 어떠해야 하겠는가?

에스겔은 이렇게 경고하고 있다.

"말로 악인에게 일러서 그 악한 길에서 떠나 생명을 구원케 하지 아니하면 그 악인은 그 죄악 중에서 죽으려니와 내가 그 피 값을 네 손에서 찾을 것이고"(겔 3:18).

이 얼마나 엄숙한 경고인가?

이 세상은 우리의 전도를 기다리고 있다.

우리가 전해 주지 않으면 우리의 믿음은 점점 약해지고 차가워지며 영혼에 대한 관심이 사라진다.

토리 존슨이 비행기를 타고 여행을 하다가 안내양에게 복음을 전하여 그 안내양이 구원을 받게 되었다. 토리 존슨은 중간 지점에서 내리게 되었다. 그 때 안내양은 그에게 이렇게 말했다.

"이 비행기에서 다음에 못 뵙게 된다면 앞으로 저 위 하늘나라에서 뵙겠습니다."

그런데 그 비행기는 이륙하자 곧 추락하여 전원이 사망하고 말았다. 결국 그 안내양은 하늘나라에서 볼 수 있게 되었다.

얼마나 다행스러운 일인가?
만약 복음을 전해 주지 않았다면
그 안내양은 지옥에 가게 되었을 것이다.

- **적용** / 관계 맺기 1단계 : BEST와 차 마시기
- **기도** / BEST를 위해 함께 간절히 부르짖으며 기도하자

8

전도소그룹 열린모임은 하나님의 부르심이다.

하나님이 위에서 영혼들을 부르고 있다

성경은 이렇게 말씀하고 있다.

"여호와께서 말씀하시되 오라 우리가 서로 변론하자 너희 죄가 주홍 같을 지라도 눈과 같이 희어질 것이요 진홍 같이 붉을지라도 양털 같이 되리라, 수고하고 무거운 짐진 자들아 다 내게로 오라 내가 너희를 쉬게 하리라, 너희를 불러 그의 아들 예수 그리스도 우리 주로 더불어 교제케 하시는 하나님은 미쁘시도다"(사 1:18, 마 11:28, 고전 1:9).

하나님은 아담이 죄를 범한 후 지금까지 죄인들을 부르고 계신다. 우리의 모든 죄를 이미 용서해 놓으시고 계속해서 우리를 부르시고 계신다. 우리는 하나님이 저 위 하늘나라에서 죄인들을 부르고 있다는 사실을 알고서 그 사실을 죄인들에게 알려 주어야 한다.

왜냐하면 죄인들은 하나님이 부르시고 있다는 사실을 모르고 있기 때문이다. 아무리 죄가 큰 사람이라도 하나님은 부르시고 계신다. 그것도 죄를 용서해 주기 위해서 부르신다.

그분은 이렇게 말씀하신다.

'너희 죄가 주홍 같을 지라도 눈과 같이 희어질 것이요.'

그리고 무거운 죄 짐을 풀어 주기 위해서 부르시고 계신다.

그리고 당신의 아들 예수님을 소개시켜 주어서 그분과 진정한 사귐을 가지라고 부르시고 계신다. 진정한 친구가 없어서 고민하는 사람은 예수님을 만나고, 그분과 더불어 교제하면 진정한 행복을 경험하게 될 것이다.

하나님의 사랑이 안에서 우리를 부르고 있다

우리 안에서 하나님의 사랑이 강하게 도전하고 있다.

성경은 말씀하고 있다.

"그리스도의 사랑이 우리를 강권하시는도다"(고후 5:14).

우리가 하나님께 헌신해서 열심히 전도해야 할 이유가 있다.

예수님께서 우리를 위해서 대신 죽어 주셨기 때문이다.

그래서 사도 바울은 "한 사람이 모든 사람을 대신하여 죽은즉"이라고 말씀하고 있다. 우리를 사랑하셔서 우리를 위해서 십자가에서 대신 죽어 주신 그 사랑이 우리를 강권하고 있다.

예수님은 우리가 그분을 위하여 살아가라고 죽으셨다.

그리스도의 사랑이 사랑의 복음을 전파하라고 강력하게 권하고 있기 때문에 우리는 전해야 한다. 우리 마음속에 계시는 예수님이 성령님을 통하여 말씀하고 계신다.

'잃어버린 영혼들에게 복음을 전하라.'

그러므로 우리는 전도해야 한다.

지옥에 있는 영혼들이 밑에서 부르고 있다

밑에서 부르는 소리가 있다. 먼저 지옥에 들어간 영혼들이 지옥을 경험해 보고 이 세상에 있는 우리에게 복음을 전해 달라고 소리치고 있다. 우리는 지옥의 무서운 고통 때문에 전도해야 한다.

구원받지 못해서 지옥에 들어간 한 부자는 지옥의 물 없는 고통을 경험하였다. "아버지 아브라함이여 나를 긍휼히 여기사 나사로를 보내어 그 손가락 끝에 물을 찍어 내 혀를 서늘하게 하소서 내가 이 불꽃 가운데서 고민하나이다"(눅 16:24).

예수님께서도 지옥의 고통을 이야기 하셨다.

"만일 네 손이 너를 범죄케 하거든 찍어 버리라 불구자로 영생에 들어가는 것이 두 손을 가지고 지옥 꺼지지 않는 불에 들어가는 것보다 나으니라 만일 네 발이 너를 범죄케 하거든 찍어 버리라 절뚝발이로 영생에 들어가는 것이 두 발을 가지고 지옥에 던지우는 것보다 나으니라 만일 네 눈이 너를 범죄케 하거든 빼어버리라 한 눈으로 하나님의 나라에 들어가는 것이 두 눈을 가지고 지옥에 던지우는 것보다 나으니라 거기는 구더기도 죽지 않고 불도 꺼지지 아니하느니라 사람마다 불로서 소금 치듯함을 받으리라"(막 9:43-49).

우리는 예수님을 믿지 않는 사람들의 무서운 운명을 알고 있다.
그들이 마지막으로 지옥에서 당하는 고통을 알고 있다.
목마름의 고통과 뜨거움의 고통을 알고 있다.
이 무서운 지옥에서 영혼을 건지는 방법이 무엇인가?

우리는 복음을 듣지 못하여 지옥에 들어가는 영혼들을 불쌍히 여겨야 한다. 그리고 그들이 불쌍하다고 생각하면 그들에게 지옥에 들어가지 않을 수 있는 방법을 알려 주어야 한다. 그들에게 복음을 전하지 않는 것은 멸망 받을 사람들에게 동정심을 가지지 않는 죄이다. 그리고 이것은 우리가 이웃을 내 몸같이 사랑하지 않는 죄이다. 이웃이 지옥에 간다는 사실을 안다면 우리는 그들을 구원하려고 노력해야 한다.

이미 지옥에 들어간 영혼들이 지옥이 얼마나 무섭고 고통스러운 곳인가를 체험해보고 그들이 사랑하는 가족들만은 그곳에 오지 않기를 간구하고 있다.

지옥에 들어갔던 한 부자는 이렇게 부탁하고 있다.

"아버지여 나사로를 내 아버지의 집에 보내소서 내 형제 다섯이 있으니 저희에게 증거하게 하여 저희로 이 고통 받는 곳에 오지 않게 하소서"(눅 16:27-28).

그러므로 우리는 전도해야 한다.

세상의 영혼들이 밖에서 부르고 있다

성경은 이렇게 말씀하고 있다.

"성령이 아시아에서 말씀을 전하지 못하게 하시거늘 브루기아와 갈라디아 땅으로 다녀가 무시아 앞에 이르러 비두니아로 가고자 애쓰되 예수의 영이 허락지 아니하시는지라 무시아를 지나 드로아로 내려갔는데 밤에 환상이 바울에게 보이니 마게도냐 사람

하나가 서서 그에게 청하여 가로되 마게도냐로 건너와서 우리를 도우라 하거늘 바울이 이 환상을 본 후에 우리가 곧 마게도냐로 떠나기를 힘쓰니 이는 하나님이 저 사람들에게 복음을 전하라고 우리를 부르신 줄로 인정함이러라"(행 16:6-10).

사도 바울이 유럽에 전도하러 간 이유는 '와서 우리를 도우라.'는 부르심 때문이었다.

세상은 우리를 부르고 있다.
복음을 듣지 못한 수많은 사람들은 우리를 부르고 있다.
'제발 우리에게 와서 복음을 전해 주시오.'

어떤 그리스도인은 왜 중국에 선교사로 가서 복음을 전하는가? 중국에서 부르는 소리를 들었기 때문이다. 어떤 그리스도인은 왜 아프리카에 선교사로 가서 복음을 전하는가? 아프리카에서 부르는 소리를 들었기 때문이다. 어떤 그리스도인은 왜 필리핀에 가서 복음을 전하는가? 그것은 필리핀에서 부르는 소리를 들었기 때문이다. 지금도 세계 도처에서 우리를 부르고 있다.

그래서 우리는 그들에게 복음을 전해야 하는 것이다.

세상이 우리를 부르고 있다

성경은 이렇게 말씀하고 있다. "너희가 넉 달이 지나야 추수할 때가 이르겠다 하지 아니하느냐 내가 너희에게 이르노니 눈을 들어 밭을 보라 희어져 추수하게 되었도다, 예수께서 모든 성과 촌에 두루 다니사 저희 회당에서 가르치시며 천국복음을 전파하시며 모든 병과 모든 약한 것을 고치시니라 무리를 보시고 민망히 여기시니 이는 저희가 목자 없는 양과 같이 고생하며 유리함이라 이에 제자들에게 이르시되 추수할 것은 많되 일군은 적으니 그러므로 추수하는 주인에게 청하여 추수할 일군들을 보내어 주소서 하라 하시니라"(요 4:35, 마 9:35-38).

우리가 일할 밭은 세상 추수 밭이다.

하나님은 우리를 세상 추수 밭에서 영혼 추수의 일을 하라고 우리를 구원하셨다. 우리는 예수님의 권고대로 눈을 들어 밭을 바라보아야 한다. 예수님은 이렇게 말씀하셨다.

'희어져 추수하게 되었도다.'

'추수할 것은 많다.'

이 세상의 잃어진 수많은 영혼들이 우리를 부르고 있다.

지금 우리가 살고 있는 이 지구상에는 57억 5천 7백 4십만 명이나 되는 사람들이 살고 있다.

그들 중에 개신교는 961,485,800명으로
전체 인구의 16,7%를 차지하고 있다.
모슬렘은 12%,
로마카톨릭은 19%,
동방정교는 6,4%,
힌두교는 10,6%,

불교는 4.3%,

유교는 4%,

도교는 2.7%,

유대교는 0.3%,

무신론자는 24%나 된다.

지금도 매 24시간마다 32만 명이 태어나고,
16만 명이 죽어 간다.
이것은 세계인구가 매년 6200만 명이 증가하는데 반하여
매년 복음으로 구원받는 사람들이 약200만 명 정도이다.
이것은 인구 증가율의 30분의 1에 해당하는 비율이다.

아직도 이 세계에는 복음 전도자가
상주하고 있지 않는 마을이 약 300만개 이상이나 있다.
지금 이 세상에서 약 17만 명이나 죽어 가는데,
매 시간마다 7천명에 해당되며,

분마다 120명,

매 초마다 2명에 해당된다.

그들 중에는 아직도 구세주를 모르고
구원의 복음을 듣지 못한 사람들이 너무나 많이 있다.
이것이 바로 우리를 부르는 소리이다.
그러므로 우리 모두 열심히 복음전도를 실천해야 한다.

■ 적용

　① 관계 맺기 1단계 : Best와 차 마시기, 진행상황 나누기

　② 관계 맺기 2단계 : 간단한(부담스럽지 않는) 선물하기

여기서 새롭게 깨달은 것 중 개인적으로 적용하여 실천하고자 하는 것을 기록한 후 서로 나누어 보자.
관계를 맺고, 만나서 전하고, 배가를 하자.
더하기 번식이 아니고 반드시 승법 번식을 하자.

■ 기도

BEST의 마음을 열어 달라고 간절히 부르짖으며 기도하자.

9

전도소그룹 열린모임은 하나님의 소원이다.

우리가 전도소그룹 열린모임을 열어야할 이유는 무엇인가?

성경은 이렇게 말씀하고 있다.

"하나님은 모든 사람이 구원을 받으며 진리를 아는데 이르기를 원하시느니라"(딤전2:4).

하나님의 소원이기 때문이다

하나님의 두 가지 소원이 있다.

첫째는 모든 사람이 구원받는 것이오.
둘째는 모든 사람이 구원의 참된 진리를 깨닫는 것이다.

그러므로 우리는 하나님의 소원을 이루어 드리기 위하여 열린모임을 열어 복음을 전해야 한다. 우리가 전도하여 영혼들이 하나님께 돌아오면 하나님의 소원이 성취되어서 매우 기뻐하신다. 진정 하나님은 온 세상의 모든 영혼들이 구원받기를 소원하고 계신다. 백색인, 흑색인, 황색인, 남녀노소, 빈부귀천을 떠나서 모든 사람들이 구원에 이르기를 바라신다.

그래서 우리는 전도해야 한다.

너무나 기쁜 일이기 때문이다

사도 바울은 빌립보 교회 성도들을 '나의 기쁨인 너희'라고 소개한다. "그러므로 나의 사랑하고 사모하는 형제들, 나의 기쁨이요 면류관인 사랑하는 자들아 이와 같이 주안에 서라"(빌 4:1).

그리고 그들은 바울의 소망이요, 기쁨이요, 자랑의 면류관이었다. "우리의 소망이나 기쁨이나 자랑의 면류관이 무엇이냐 그의 강림하실 때 우리 주 예수 앞에 너희가 아니냐 너희는 우리의 영광이요 기쁨이니라"(살전 2:19-20).

우리가 전도하면 반드시 기쁨으로 영혼의 열매를 거두게 된다. 성경은 이렇게 말씀하고 있다. "눈물을 흘리며 씨를 뿌리는 자는 기쁨으로 거두리로다 울며 씨를 뿌리러 나가는 자는 정녕 기쁨으로 그 단을 가지고 돌아오리로다"(시 126:5-6). 우리가 영혼들에게 복음을 전하여 그들이 구원을 받는 모습을 보게 되면 우리는 성령 충만해지고 기쁨이 넘치게 된다.

하지만 너무나 많은 그리스도인들이 복음을 전하지 않고 영혼들을 구원하지 않기 때문에 비참하고 우울한 삶을 살아가고 있다. 전도는 너무나 기쁜 일이기 때문에 우리는 전도해야 한다.

가장 위대한 일이기 때문이다

전도는 인간에게 허락한 가장 위대한 일이다.

예수님이 승천하신 후에 하나님은 복음을 전하는 일에 직접 나서지 않으신다. 오히려 그리스도인들이 나가서 전도할 때 주님은 함께 역사해 주신다.

성경은 이렇게 말씀하고 있다.

"제자들이 나가 두루 전파할새 주께서 함께 역사하사 그 따르는 표적으로 말씀을 확실히 증거하시니라"(막 16:20).

여기서 하나님은 제자들이 복음을 전할 때 역사 하셨다.

오늘날에는 누구나 복음을 전하면 하나님이 자신과 함께 하는 것을 경험할 수 있다. 하나님은 복음전도를 천사에게도 맡기지 않으셨다. 사도행전 10장을 살펴보라. 백부장 고넬료에게 나타났던 천사는 고넬료에게 복음을 전하는 특권이 주어져 있지 않았다.

그는 복음을 전하는 베드로를 청하라는 내용만 전한다.

"네가 지금 사람들을 욥바에 보내어 베드로라 하는 시몬을 청하라"(행 10:5).

성경 어디를 살펴보아도 죄인을 죄와 지옥에서 구원하는 복음을 천사가 직접 전하는 내용을 볼 수가 없다. 이 고귀하고 거룩한 특권은 그리스도인들이 하는 위대한 사역이다.

하나님은 복음전도의 위대한 일을 인간에게 맡겨 주셨다.

복음전도의 일 자체를 생각해 보라.

우리는 복음전도를 통해서 영혼을 그 무서운 지옥의 고통에서 건져낼 수 있다. 그러므로 이 일 보다 더 위대한 일은 없다.

이 일은 생명을 살리는 일이다.

그것도 영원히 살 수 있도록 생명을 살리는 일이다.

그러므로 이 세상에 전도하는 일보다 소중한 일은 없다.

매초마다 세계의 어느 곳에선가 몇 명의 아기가 태어나고 있다.

태어나는 숫자는 매일 수십만 명에 이른다.

그러나 그들 가운데 대부분은

예수님을 모르는 채로 한 평생을 살아간다.
또한 매일같이 수십만 명이 죽어 가고 있다.
그들 가운데 대부분은
예수님 없이 지옥에 들어가서 영원토록 지내야 한다.
그러므로 전도를 통하여 영혼을 구원하는 일이
가장 소중한 것이다.
그래서 우리는 전도해야 한다.

하나님과 화해시키는 일이기 때문이다

성경은 이렇게 말씀하고 있다.

"우리에게 화목하게 하는 직책을 주셨으니, 화목하게 하는 말씀을 우리에게 부탁하셨느니라 이러므로 우리가 그리스도를 대신하여 사신이 되어 하나님이 우리로 너희를 권면하시는 것같이 그리스도를 대신하여 간구 하노니 너희는 하나님과 화목 하라"(고후 5:18-20).

하나님은 우리에게 죄인을 하나님과 화해시키는 직무를 주셨다. 우리는 하늘나라를 대표하는 정권대사들이다.

우리는 우리를 파송한 하나님을 대신하여 당당하게 전한다.

"너희는 하나님과 화목하라."

우리는 죄인과 하나님을 화해시킨다. 화목케 하는 직분을 받았을 뿐만 아니라 화목케 하는 말씀도 주셨다. 가서 전하기만 하면 우리 앞에서 죄인이 하나님과 화해하는 모습을 볼 수 있다.

> 이 얼마나 영광스러운 직분이며,
> 이 얼마나 영광스러운 말씀인가?

그래서 우리는 전도해야 한다.

하나님께 받은 사명이기 때문이다

성경은 이렇게 말씀하고 있다.

"나의 달려갈 길과 주 예수께 받은 사명 곧 하나님의 은혜의 복음 증거 하는 일을 마치려 함에는 나의 생명을 조금도 귀한 것으로 여기지 아니하노라, 바울이 대답하되 너희가 어찌하여 울어 내 마음을 상하게 하느냐 나는 주 예수의 이름을 위하여 결박 받을 뿐 아니라 예루살렘에서 죽을 것도 각오하였노라 하니"(행 20:24, 21:13).

여기서 바울의 달려갈 길과 바울의 사명과 바울의 목숨이 등장한다. 바울의 사명은 은혜의 복음을 전파하는 것이다.

그는 이 일을 위해서 포기하지 않고 끝까지 달려갔다.

그 사명을 위해서 목숨을 내 걸었다.

사명이란 목숨 바쳐 이룩할 과업이다.

바울은 이 복음 전도 사명을 위해서 죽을 각오가 되어 있었다.

그는 결국 복음전도를 하다가 감옥에 갇혀 순교를 당하였다.

그러므로 우리도 복음전도의 사명을 감당해야 한다.

아름다운 덕을 선전하는 일이기 때문이다

성경은 이렇게 말씀하고 있다.

"오직 너희는 택하신 족속이요 왕같은 제사장들이요 거룩한 나라요 그의 소유된 백성이니 이는 너희를 어두운데서 불러내어 그의 기이한 빛에 들어가게 하신 자의 아름다운 덕을 선전하게 하려 하심이라"(벧전 2:9).

여기서 '선전'이라는 말이 전도이다.

하나님은 우리를 하나님의 복음을 선전하라고 왕 같은 제사장들로 삼아 주셨다. 이것은 아주 놀라운 특권이다.

그래서 우리는 전도해야 한다.

제자 삼는 첫 단계이기 때문이다

제자 훈련과 전도는 상호 보완적이다.

전도해야 영혼이 거듭나서 그 영혼을 양육하고 주님의 제자로 세울 수가 있다. 전도를 하지 않는다면 영혼들이 구원을 받을 수 없다. 또한 영혼이 구원받지 않으면 양육과 훈련을 할 수 없다.

그러므로 전도를 하지 않으면 영혼을 얻을 수 없고 더더욱 양육과 훈련을 할 수 없다. 그러므로 전도는 제자훈련의 첫 번째 단계이다. 전도를 하지 않는 사람은 제자사역을 할 수 없다.

전도의 목적은 무엇인가?

예수의 참된 제자로 세우기 위해서 전도한다.

성경은 이렇게 말씀하고 있다. "그러므로 너희는 가서 모든 족속으로 제자를 삼아 아버지와 아들과 성령의 이름으로 세례(침례)를 주고 내가 너희에게 분부한 모든 것을 가르쳐 지키게 하라 볼찌어다 내가 세상 끝날까지 너희와 항상 함께 있으리라 하시니라" (마 28:19-20).

여기서 우리말에는 네 가지 명령이 나온다. 가라, 제자를 삼아라, 세례(침례)를 주라, 가르쳐 지키게 하라.

그러나 원어성경을 보면 "제자를 삼아라."는 말씀만이 명령으로 되어 있다. 나머지는 모두 분사형이다. 그러므로 본문의 원 뜻은 "전도하고, 세례(침례)를 주고, 가르쳐 지키게 하여 주님의 참된 제자를 삼아라."는 말씀이다.

레이튼 포드는 신약성경에 등장하는 제자에 대하여 다음과 같이 소개하고 있다.

"신약에서 제자라는 단어가 어떻게 사용되었는지 살펴보라. 제자의 기본적인 뜻은 배우는 자, 즉 교사의 신조와 생활태도를 받아들이는 사람이다. 이 말은 신약에서 여러 가지의 의미로 쓰인다. 일반적인 의미로 쓰인 경우는 침례 요한의 제자들을 일컬을 때이다. 예수와 관련된 경우에는 제자가 여러 가지 의미로 쓰인다. 어느 날 예수께서 특히 어려운 말씀을 하셨다.

"이러므로 제자 중에 많이 물러가고 다시 그와 함께 다니지 아니하더라"(요 6:66).

이 제자들은 예수를 따르는 사람이었으나, 예수께 진정으로 헌신된 사람은 아니었다. 그러므로 제자라는 단어는 헌신의 여부에 상관없이 예수를 따르는 모든 사람을 지칭할 수도 있는 것이다. 사도행전에서는 제자가 그리스도인과 동의어로 쓰인다.

예를 들어, "만나매 안디옥에 데리고 와서 둘이 교회에 일 년간 모여 있어 큰 무리를 가르쳤고 제자들이 안디옥에서 비로소 그리스도인이라 일컬음을 받게 되었더라"(행 11:26)라고 했다.

다른 경우를 보면, 제자가 성숙한 그리스도인을 지칭하기도 했다. 이러한 의미의 제자는 예수를 따르는 사람 중에 헌신되고, 견실하고, 사랑이 있고, 순종하며, 열매를 맺는 자를 일컬을 때만 사용된다(눅 14:25, 요 8:31, 요 14:34-35, 요 15:8)."

그러므로 우리는 이러한 예수님의 참된 제자를 삼기 위하여 전도해야 한다.

구원 받은 체험의 결과이기 때문이다

우리는 구원을 받고 새사람으로 거듭나게 되었다. 구원받기 전과 비교해 볼 때 우리는 전혀 새로운 사람으로 변화된다. 구원받기 전의 모든 것은 다 지나가 버렸다. 이제는 새로운 인생을 살아간다. 사도 바울은 이렇게 말씀하고 있다.

"그런즉 누구든지 그리스도 안에 있으면 새로운 피조물이라 이전 것은 지나갔으니 보라 새것이 되었도다"(고후 5:17). 구원받기 전에는 말도 제대로 못하는 사람도 구원을 받고 성령께서 그 마음에 들어오면 전혀 다른 사람이 되어서 "성령께서 말하게 하심을 따라" 입을 열어 복음을 전하기 시작한다.

구원을 체험한 사람은 조용히 앉아 있을 수 없다.

사람을 만나기를 꺼려했던 우물가의 여인을 보라.

그는 구원을 받고 새사람이 되어 물동이를 버려두고 적극적으로 사람들에게 찾아가서 당당하게 외치기 시작한다.

"그러자 그 여인이 물동이를 버려두고 마을로 들어가서 사람들에게 말하기를 내가 행하였던 모든 일을 나에게 말 한 사람을 와서 보라 이 분이 그리스도가 아닌가 하니 그때에 사람들이 마을에서 나와서 주께로 오더라"(행 4:28-30).

베드로와 요한도 전도하다가 체포되어 감옥에 갇히고 심문을 당하며 다시는 예수의 이름으로 말하지도 말고 가르치지도 말라고 하였지만 그들은 전하지 않고는 견딜 수가 없었다.

"하나님 앞에서 너희 말 듣는 것이 하나님 말씀 듣는 것보다 옳은가 판단하라 우리는 보고들은 것을 말하지 아니할 수 없다"(행 4:20). 우리가 진정으로 예수님을 만났다면 언제나 어디서나 당당하게 그리스도를 전해야 한다.

복음 자체가 요구하고 있기 때문이다

성경은 이렇게 말씀하고 있다.

"내가 복음을 부끄러워하지 아니하노니 이 복음은 모든 믿는 자에게 구원을 주시는 하나님의 능력이 됨이라"(롬 1:16).

복음이란 좋은 소식, 기쁜 소식, 복된 소식, 아름다운 소식이다. 이 복음은 전해야 효력이 나타난다. 그러나 복음은 그것을 듣지 못한 사람에게 좋은 소식이 될 수 없다.

전파되지 않으면 복음은 결코 좋은 소식이 될 수 없다.

이 복음은 전하기 위해 있다.

이 복음은 죄인들에게 가장 기쁜 소식이다.

전해만 주면 죄인들이 복음을 듣고 구원받는 역사가 일어난다. 성경은 이렇게 말씀하고 있다.

"십자가의 도가 멸망하는 자들에게는 미련한 것이요 구원을 얻는 우리에게는 하나님의 능력이라"(고전 1:18).

그래서 우리는 전도해야 한다.

먼저 간 성도들이 응원하기 때문이다

앞서간 천국의 성도들은 천사들과 함께 우리를 응원하고 격려하고 있다. 한 영혼이 구원받으면 천국에서는 하나님과 모든 성도들과 천사들이 기뻐하고 잔치를 벌인다.

성경은 이렇게 말씀하고 있다.

"너희 중에 어느 사람이 양 일백 마리가 있는데 그 중에 하나를 잃으면 아흔 아홉 마리를 들에 두고 그 잃은 것을 찾도록 찾아다니지 아니하느냐 또 찾은즉 즐거워 어깨에 메고 집에 와서 그 벗과 이웃을 불러 모으고 말하되 나와 함께 즐기자 나의 잃은 양을 찾았노라 하리라 내가 너희에게 이르노니 이와 같이 죄인 하나가 회개하면 하늘에서는 회개할 것 없는 의인 아흔 아홉을 인하여 기뻐하는 것보다 더하리라 어느 여자가 열 드라크마가 있는데 하나를 잃으면 등불을 켜고 집을 쓸며 찾도록 부지런히 찾지 아니하겠느냐 또 찾은즉 벗과 이웃을 불러 모으고 말하되 나와 함께 즐기자 잃은 드라크마를 찾았노라 하리라 내가 너희에게 이르노니 이와 같이 죄인 하나가 회개하면 하나님의 사자들 앞에 기쁨이 되느니라"(눅 15:4-10).

뿐만 아니라 우리가 열심히 전도하여 영혼이 구원을 받으면 다른 성도들도 감화와 감동을 받게 된다. 이러한 구원의 역사가 이루어지면 그것은 하늘나라에서도 기뻐 하지만 이 세상에서도 예수님을 섬기는 모든 성도들에게 격려가 된다.

상급이 있기 때문이다

성경은 이렇게 말씀하고 있다. "많은 사람을 옳은 데로 돌아오게 한 자는 별과 같이 영원토록 비취리라"(단 12:3).

여기서 많은 사람을 하늘나라로 돌아오게 한 자는 하늘나라에서 영원히 빛나는 스타가 될 수 있다. 영혼을 구원하는 일은 하늘나라에 상급을 쌓는 것이다. 하늘나라의 상급을 바라보고 열심히 영혼들에게 복음을 전하는 사람은 지혜로운 사람이요, 지혜롭게 인생을 살아가는 사람이다.

성경은 이렇게 말씀하고 있다.

"의인의 열매는 생명나무라 지혜로운 자는 사람을 얻느니라"(잠

11:30). 사도 바울은 빌립보 교회 성도들을 전도하였기 때문에 면류관을 받게 된다. "그러므로 나의 사랑하고 사모하는 형제들, 나의 기쁨이요 면류관인 사랑하는 자들아, 우리의 소망이나 기쁨이나 자랑의 면류관이 무엇이냐 그의 강림하실 때 우리 주 예수 앞에 너희가 아니냐 너희는 우리의 영광이요 기쁨이니라"(빌 4:1, 살전 2:19-20).

예수님의 죽으심을 헛되지 않게 하기 때문이다

우리가 죄인들에게 복음을 전하지 않으면 하나님의 아들 예수님의 죽음이 헛되게 된다. 하나님은 이것을 매우 싫어하신다.

그러나 우리가 열심히 복음을 전하여 수많은 사람들이 구원을 받으면 하나님이 그의 아들 예수님을 이 세상에 보내시어 십자가에 죽게 하신 그 사랑의 일이 빛나게 된다.

그리고 그것을 보시고 하나님이 매우 기뻐하신다.

하나님께 영광을 돌리게 된다.

우리가 복음을 전하면 예수님은 자신이 십자가에서 수고한 것을 만족하게 여기신다. 성경은 이렇게 말씀하고 있다.

"가라사대 그가 자기 영혼의 수고한 것을 보고 만족히 여길 것이라 나의 의로운 종이 자기 지식으로 많은 사람을 의롭게 하며 또 그들의 죄악을 친히 담당하리라"(사 53:11).

그러므로 예수님의 십자가의 죽음이 헛되지 않게 하기 위해서 우리는 열심히 복음을 전해야 한다.

기회가 지나가고 있기 때문이다

　죄인들이 구원받을 기회가 항상 있는 것은 아니다.

　언젠가 구원받지 못한 영혼이 죽을 수도 있고, 예수님이 이 세상에 재림하시면 더 이상 기회가 없게 된다.

　그러므로 우리가 영혼들에게 복음을 전하는 시간이 그렇게 많이 남아 있지 않다. 시간은 정확하게 지나가고 있으며, 역사의 휘장은 곧 내려질 것이다. 그러므로 더 늦기 전에 어서 빨리 복음을 영혼들에게 전해야 한다.

　찬송 작가는 258장을 통해 이렇게 도전한다.

　"물 건너 생명줄 던지어라. 누가 저 형제를 구원하랴. 우리의 가까운 형제이니 이 생명줄 누가 던지려나. 생명줄 던져 생명줄 던져 물속에 빠져간다. 생명줄 던져. 생명줄 던져. 지금 곧 던지어라. 너 빨리 생명줄 던지어라. 형제여 너 어찌 지체하나. 보아라 저 형제 빠져간다. 이 구조선 타고서 속히 가라. 생명줄 던져. 생명줄 던져. 물속에 빠져간다. 생명줄 던져. 생명줄 던져. 지금 곧 던지어라. 너 어서 생명줄 던지어라. 저 형제 지쳐서 허덕인다. 시험과 근심의 거센 풍파 저 형제를 휩쓸어 몰아간다. 생명줄 던져. 생명줄 던져. 물속에 빠져간다. 생명줄 던져. 생명줄 던져. 지금 곧 건지어라." 이 찬송은 복음전도의 시급성을 잘 설명하고 있다.

　사도 바울도 이렇게 도전한다.

　"그런즉 너희가 어떻게 행할 것을 자세히 주의하여 지혜 없는 자같이 말고 오직 지혜 있는 자같이 하여 세월을 아끼라 때가 악하니라 그러므로 어리석은 자가 되지 말고 오직 주의 뜻이 무엇인가 이해하라"(엡 5:15-17).

복음을 전해야 들을 수 있기 때문이다

성경은 이렇게 말씀하고 있다.

"그런즉 저희가 믿지 아니하는 이를 어찌 부르리요 듣지도 못한 이를 어찌 믿으리요 전파하는 자가 없이 어찌 들으리요"(롬 10:14). 우리가 말씀을 전해 주어야 죄인이 하나님의 말씀을 듣고 구원받을 수 있다.

그래서 복음 전파 과정을 보면 먼저 하나님께서 전도자를 보내신다. 그리고 전도자가 말씀을 전파한다. 그리고 죄인이 듣고 믿는다.

그리고 믿는 사람이 예수님의 이름을 불러서 구원을 받는다.

사도 바울은 그것을 이렇게 말하고 있다.

"누구든지 주의 이름을 부르는 자는 구원을 얻으리라 그런즉 저희가 믿지 아니하는 이를 어찌 부르리요 듣지도 못한 이를 어찌 믿으리요 전파하는 자가 없이 어찌 들으리요 보내심을 받지 아니하였으면 어찌 전파하리요 기록된 바 아름답도다 좋은 소식을 전하는 자들의 발이여 함과 같으니라"(롬 10:13-15).

전하지 않으면 악한 죄가 되기 때문이다

사실 사람을 칼로 찔러 죽이는 일이나, 칼에 찔려 죽어 가는 사람을 내버려 두어 죽게 하는 것은 마찬가지로 악한 일이다.

집에 불이 났을 때, 열쇠를 가지고도 그 문을 열어 주지 않아 안에 있는 사람이 죽었다면 사람을 죽인 것은 그 불이 아니고 실상은 문을 열어 주지 않은 사람이다.

응급 환자를 데리고 병원에 갔는데 의사가 졸린다고 환자를 못 본체 하여 죽었다면 그 환자를 죽인 것은 병이 아니고 그 의사이다. 마찬가지로 예수님을 믿으면 영생을 얻고 구원을 얻게 되는 복음의 기쁜 소식을 전하지 않거나, 그 일을 태만히 하는 자는 명백한 범죄자이며, 주님을 위하여 살아가는 자가 아니며, 주님의 뜻을 거부한 사람이다. 이것은 참으로 무서운 사실이다. 그러나 그것을 염두에 두는 사람은 많지 않다. 복음이 기쁜 소식인데 이러한 소식을 전하지 않아서 상대가 멸망한다면 분명히 죄가 되는 것이다. 그래서 존 스타트는 전도하지 않는 것은 무서운 죄라는 사실을 그의 저서를 통하여 경고하고 있다.

다른 길이 없기 때문이다

성경은 이렇게 말씀하고 있다. "다른 이로서는 구원을 얻을 수 없나니 천하 인간에 구원을 얻을 만한 다른 이름을 우리에게 주신 일이 없음이니라 하였더라"(행 4:12).

죄는 인간이 범하였지만 인간에게는 해결책이 없다.

죄를 용서받고 구원받는 해결책은 하나님께 있다.

그래서 우리는 하나님의 해결책을 알려주어야 한다.

그것이 바로 전도이다. 예수님 외에는 절대 구원자가 없다.
온 세상에서 구세주는 오직 예수님밖에 없다.
그러므로 이 세상에는 헛수고하는 사람들이 너무나 많다.
다른 종교는 모두 헛된 수고를 하는 것이다.
결코 구원에 도달할 수 없기 때문이다.
우리는 다른 종교를 믿고 있는 사람들에게도
구원의 복음을 전하여 그들을 구원해야 한다.

■ 적용

열린 모임에 초청하기를 원하는 태신자 명단 7명을 적어보자. 내 주변 영향권에 있는 사람들 중 주중에 한 시간 이상 만날 수 있는 사람을 적는다. 실제로 전도가 되어 지려면 내가 만날 수 있고, 내가 다니는 교회로 인도할 수 있어야 한다.

여기서 새롭게 깨달은 것 중 개인적으로 적용하여 실천하고자 하는 것을 기록한 후 서로 나누어 보자. 나의 사역에 동역할 헌신된 일꾼이 될 사람을 찾아야 한다. 사명자와 일꾼을 찾아야 한다.

■ 기도

태신자 명단을 두고 하나님께 그들의 마음을 여시도록 함께 부르짖고 기도하자.

10

전도소그룹 열린모임은
담대하게 전하는 운동이다.

복음전도는 열등의식과 비관주의자들의 과업이 아니다.

예수님은 모든 것을 긍정적으로 보셨다. 반드시 승리할 것을 믿으셨다. 우리도 자신 있게 그리고 담대하게 전해야 한다.

하늘나라의 정권 대사로서 전해야 한다

성경은 이렇게 말씀하고 있다. "이러므로 우리가 그리스도를 대신하여 사신이 되어 하나님이 우리로 너희를 권면하시는 것 같이 그리스도를 대신하여 간구하노니 너희는 하나님과 화목 하라"(고후 5:20). 이 얼마나 당당한 선언인가?

우리는 그리스도를 대신하는 하늘나라의 정권대사들이다.

우리는 하늘나라를 대표하고 하나님을 대신한다.

그래서 우리는 죄인들에게 당당하게 선포해야 한다.

"너희는 하나님과 화목하라."

우리는 예수님에 의해서 파송 받았다.

사실 인류 최초의 선교사는 예수님이셨다.

하나님 아버지께서 자신에게 하나 밖에 없는 외아들을 이 세상에 선교사로 파송하셨다. 그래서 예수님은 이 세상에 오셔서 선교 사역을 감당하시고 자신이 손수 훈련하신 제자들을 다시 이 세상에 파송하셨다. 예수님이 온 인류의 죄의 값을 담당하시고 죽은 지 사흘 만에 부활하셔서 제자들에게 나타나 제자들을 파송하셨다.

성경은 말씀한다. "너희에게 평강이 있을지어다 아버지께서 나를 보내신 것 같이 나도 너희를 보내노라"(요 20:21). 여기서 '아버지께서 나를 보내신 것 같이'라는 말씀의 헬라어 시제는 부정과거형이다. 이것은 한번 행하여진 일로서 반복되지 않는 행위를 나타낸다. 하나님 아버지께서 자신의 아들 예수님을 이 세상에 파송하신 것은 단 한번의 일로서 다시는 반복되지 않는다. 그러나 예수님이 제자들을 파송하신 것은 다르다.

'나도 너희를 보내노라.'

이 말씀의 헬라어는 현재 시제로 세계 복음화가 이루어질 때까지 계속해서 보낸다는 뜻이다.

그러므로 예수님은 계속해서 우리를 전도자로 파송하고 있다.

죄인의 사면장을 가지고 전해야 한다

성경은 말씀한다. "너희가 뉘 죄든지 사하면 사하여질 것이요 뉘 죄든지 그대로 두면 그대로 있으리라 하시니라"(요 20:23).

우리가 누구를 위하여 존재하는가?

우리는 죄인들을 위하여 존재한다.

그러므로 우리는 죄인들에게 너무나 중요한 존재들이다.

왜냐하면 우리가 죄인들에게 복음을 전해주면 죄인들이 살아나고 지옥에서 벗어나 하늘나라에 갈 수 있기 때문이다. 하지만 우리가 잠잠하면 그들은 지옥에 들어갈 수밖에 없다.

그러므로 우리는 당당하게 전할 수 있다. 우리가 복음을 전하면서 담대하지 못할 이유는 없다.

그러므로 우리가 복음을 전할 때 당당하게 전해야 한다.

"내가 전도하는 것은 나를 위해서가 아니라 당신을 위해서 전하는 것입니다. 나 때문이 아니라 당신 때문입니다. 나는 당신의 행복을 위해서 존재합니다. 내가 복음을 전해 주면 당신은 살 수 있고, 전해 주지 않으면 당신은 죽습니다. 내가 복음을 전해 주면 당신이 하늘나라에 갈 수 있고, 전해 주지 않으면 당신은 지옥에 들어갑니다. 그러니 나는 당신에게 특별한 사람입니다. 예수님이 나를 당신에게 보내셨습니다."

그러므로 우리는 당당하게 전하지 못할 이유가 전혀 없다.

우리는 죄인들에게 특별한 사람이다.

하나님의 대리자로서 전해야 한다

성경은 말씀한다. "하나님이 우리로 너희를 권면하시는 것같이 그리스도를 대신하여 간구하노니"(고후 5:20).

우리는 복음을 전할 때 우리의 말을 전하는 것이 아니다. 우리는 하나님의 말씀을 전한다. 전도는 내가 하는 것이 아니고 하나님께서 나를 통해서 죄인들에게 전하시는 것이다. 우리는 하나님을 대신한다. 따라서 우리가 전하는 말씀을 거역하는 것은 곧 우리를 거역하는 것이 아니라 하나님을 거역하는 것이다.

다메섹의 그리스도인들을 체포하려고 가던 바울에게 예수님이 나타나셔서 이렇게 말씀하셨다.

"사울아 사울아 네가 어찌하여 나를 핍박하느냐"(행 9:4).

그러면 사도 바울이 예수님을 핍박했던 일이 있었는가? 없었다. 사도 바울은 예수님을 핍박한 것이 아니라 그리스도인들을 핍박했다. 그러나 예수님은 자신을 핍박하는 것이라고 말씀하신다. 그러므로 우리가 나가서 전할 때 우리가 전하는 복음의 말씀을 거절하는 것은 우리를 거절하는 것이 아니라 우리를 전도자로 파송하신 하나님을 거절하는 것이다. 그러므로 좀더 당당하게 자신감을 가지고 전해야 한다.

우리의 목숨을 걸고 전해야 한다

초대 교회의 일곱 집사 중에 한 사람인 스데반 집사는 목숨을 걸고 복음을 전했다(행 7:51-59). 스데반 집사는 전도하다가 결국 순교를 당하였다. 그러나 죽으면서도 당당한 모습을 보여주며, 그의 자세는 결코 흔들리지 않았다. 예수님께서 스데반 집사의 모습을 하늘나라에서 지켜보고 계시다가 그의 모습이 너무나 믿음직스러워 하늘나라 우편 보좌에 그냥 앉아 있을 수가 없으셨다. 그래서 그분은 보좌에서 일어나셨다. "스데반이 성령이 충만하여 하늘을 우러러 주목하여 하나님의 영광과 및 예수께서 하나님 우편에 서신 것을 보고 말하되 보라 하늘이 열리고 인자가 하나님 우편에 서신 것을 보노라 한 대"(행 7:55-56).

우리가 목숨걸고 전하다가 죽어도 우리는 결코 패배하는 것이 아니다. 순교를 눈 앞에 두고 있다면 이렇게 외쳐야 한다.

"내가 복음을 전한다는 이유로 당신들은 나를 죽이지만 당신들은 결코 나를 이길 수 없습니다. 내가 죽으면 나는 더 영광스러운 몸으로 다시 살게 됩니다. 구원받은 사람은 영원히 죽지 않습니다. 내가 전도하다가 돌에 맞아 죽어도 나는 즉시 하늘나라에 들어갑니다. 그러므로 당신들은 나를 놓치고 맙니다. 나는 하늘나라에 들어가니 나는 패배하지 않습니다."

사실 많은 사람이 제일 두려워하는 것은 죽음이다.

만약 죽음을 두려워하지 않는다면 우리는 좀더 당당하게 전할 수 있다. 그리스도인들은 죽음 후에 천국에 들어갈 수 있기 때문에 당당하게 전해야 한다.

우리는 나 때문에 다른 사람이 행복해 질 수 있다는 비전을 가지고 전해야 한다.

성경은 아브라함이 복의 근원이 되는 경우를 말씀하고 있다(창 12:1-3). 하나님께서 아브람을 부르시며 그의 후손을 통하여 메시야가 오시게 되므로 온 인류가 아브라함의 후손인 예수님을 통하여 복을 얻게 될 것을 예언하고 있다. 그러므로 우리도 나 때문에 다른 사람들이 행복해 질 수 있다는 비전을 가지고 전해야 한다.

하나님이 아브라함에게 말씀하신 내용을 생각해 보라.

"땅의 모든 족속이 너를 인하여 복을 얻을 것이니라."

우리도 이 말씀의 교훈에 따라 나 때문에 수많은 사람들이 행복해 질 수 있다는 비전을 가지고 전해야 한다.

우리가 전도하는 사람 가운데 장래 세계를 변화시킬 위대한 하나님의 종이 나올 수도 있기 때문이다.

하나님은 우리가 복음을 전하기를 매우 소원하시고 계신다.

그러므로 우리가 복음을 전할 때 하나님은 우리를 축복해 주신다. 그리고 그분은 우리가 복음을 전할 때 우리에게 성령의 권능을 주신다. 그리고 우리가 복음을 전하여 그 영혼이 구원을 받으면 그 영혼은 운명이 달라진다.

그러므로 자신 있게 그리고 당당하게 전해야 한다.

■ 적용

태신자 중 3명의 BEST를 정하여, BEST카드에 표시하자.

BEST를 위해 매일 기도시간을 정해 기도하도록 하자.

여기서 새롭게 깨달은 것 중 적용하여 실천하고자 하는 것을 기록한 후 서로 나누어 보자.

■ 기도

BEST를 위해 팀원들이 함께 부르짖으며 기도하자.

11

전도소그룹 열린모임은 탁월하게 전하는 운동이다.

우리가 탁월한 전도자가 되려면 먼저 자신이 구원받은 사실이 있어야 한다. 영적으로 거듭난 사실이 없다면 소경이 소경을 인도하는 것과 같은 것이다. 결국 전도를 하는 사람이나 불신자 모두가 구덩이에 빠지게 되는 것이다.

그래서 예수님은 말씀하신다. "또 비유로 말씀하시되 소경이 소경을 인도할 수 있느냐 둘이 다 구덩이에 빠지지 아니하겠느냐"(눅 6:39). 그러므로 거듭난 사실이 없는 사람은 다른 사람에게 구원의 길을 보여줄 수 없는 것이다.

우리의 삶이 정결해야 한다

전도자가 주님 보시기에 삶이 정결하지 못하고 죄 가운데 살아간다면 그는 하나님께 쓰임 받을 수 없다. 성경은 말씀한다.

"내가 내 마음에 죄악을 품으면 주께서 듣지 아니하시리라"(시 66:18). 그러므로 전도자는 모든 은밀한 죄나 잘못된 생각까지도 예수님께 자백하고 정결함을 받아야 한다. 하나님께 쓰임 받는 전도자가 되려면 먼저 자신이 깨끗해야 한다.

사도 바울은 하나님께 쓰임 받는 사람을 이렇게 소개한다. "그러므로 누구든지 이런 것에서 자기를 깨끗하게 하면 귀히 쓰는 그릇이 되어 거룩하고 주인의 쓰심에 합당하며 모든 선한 일에 예비함이 되리라"(딤후 2:21).

모든 것을 하나님께 내려놓아야 한다

사도 바울의 고백을 들어보라.

"내게 사는 것이 그리스도니 죽는 것도 유익함이니라"(빌 1:21). 하나님께 모든 것을 내려놓은 사람이 이렇게 말할 수 있는 것이다.

그래서 사도 바울은 우리에게 우리의 삶을 하나님께 헌신하라고 도전하고 있다. "그러므로 형제들아 내가 하나님의 모든 자비하심으로 너희를 권하노니 너희 몸을 하나님이 기뻐하시는 거룩한 산제사로 드리라 이는 너희의 드릴 영적 예배니라"(롬 12:1).

진정으로 내려놓은 사람이 하나님께 쓰임 받는다.

예수님은 우리에게 한 알의 밀알에 대한 교훈을 해주셨다.

"내가 진실로 진실로 너희에게 이르노니 한 알의 밀이 땅에 떨어져 죽지 아니하면 한 알 그대로 있고 죽으면 많은 열매를 맺느니라"(요 12:24).

밀알이 땅에 떨어져 죽어야 그 속에서 싹이 나고 자라서 열매를 맺게 된다. 밀알이 죽기 위해서는 껍질이 깨어지고 터져야 한다. 쪼개져야 한다. 밀알이 죽는 것은 흙 속에서 적당한 온도와 습도가 함께 작용함으로써 껍질이 터트려지는 것이다. 일단 껍질이 터져 열리면 그 속에서 싹이 나며 자라기 시작한다. 나중에는 30배, 60배, 100배의 결실을 맺는다.

마찬가지로 우리가 모든 것을 하나님께 내려 놓으면 하나님은 우리에게 열매를 주신다.

그리고 하나님의 진정한 사랑을 실천하게 된다.

하나님의 사랑은 우리가 구원받았을 때 우리에게 주어졌다.

그러나 종종 우리의 옛 사람의 단단한 껍질로 둘러싸고 있기 때문에 사랑이 우리 속에서 솟아 나오지 못하고 있다. 그러나 진정 옛 사람의 껍질이 깨어지면 하나님의 사랑이 그 속에서부터 솟구쳐 나오는데 아무런 방해를 받지 않는다.

그 사랑은 거절당할 때도, 조소를 당할 때도, 멸시를 받거나, 남에게 수욕을 당할 때에도, 어김없이 변치 않고 흘러나온다.

그래서 십자가의 고통이 없으면 부활의 영광도 없다.

겨울이 지나야 봄이 오며 꽃은 겨울에 피지 않는 법이다.

그러므로 전도자는 모든 것을 하나님께 내려 놓아야 한다.

영혼을 사랑하며 불쌍히 여겨야 한다

우리는 한 영혼이 천하보다 더 귀하다는 사실을 알고 그 영혼을 사랑해야 한다. 그 영혼에 대한 부담감을 가지고 눈물을 흘리며 기도해야 한다. 하나님은 영혼을 사랑하는 사람에게 영혼을 맡기신다. 한 영혼이 얼마나 소중한지 예수님은 이렇게 말씀하셨다.

"사람이 만일 온 천하를 얻고도 제 목숨을 잃으면 무엇이 유익하리요 사람이 무엇을 주고 제 목숨을 바꾸겠느냐"(마 16:26)

예수님은 영혼들을 위해서 십자가에서 피 흘려 죽으셨다.

예수님이 영혼을 사랑하신 것처럼 우리도 영혼을 사랑할 때 전도자로 쓰임 받을 수 있다. 전도자는 영혼을 불쌍히 여기는 사람이다. 사도 바울은 이렇게 고백한다.

"내가 그리스도 안에서 참말을 하고 거짓말을 아니하노라 내게 큰 근심이 있는 것과 마음에 그치지 않는 고통이 있는 것을 내 양심이 성령 안에서 나로 더불어 증거하노니 나의 형제 곧 골육의 친척을 위하여 내 자신이 저주를 받아 그리스도에게서 끊어질지라도 원하는 바로라"(롬 9:1-3).

사도 바울은 자신의 형제들과 골육의 친척들이 지옥에 들어가는 것을 매우 안타까워했다. 비록 자신이 저주를 받아 예수님에게서 끊어져 지옥에 들어간다 하더라도 그들이 구원을 받을 수 있다면 그것을 원한다고 말하고 있다. 사도 바울은 진정으로 영혼을 사랑하는 연민의 정이 있었다. 그는 연민의 정을 가지고 영혼을 대하는 사람이었다. 우리도 구원받지 못한 영혼들을 불쌍히 여기는 마음이 있어야 한다. 그래야 전도자로서 하나님께 쓰임 받을 수 있다.

불굴의 인내를 가져야 한다

복음을 전하는 것은 사람을 낚는 일이기에 낚시꾼의 인내가 필요하다. 선을 행하며 전도하다 보면 반드시 거둘 때가 있다.

사도 바울은 이렇게 말하고 있다.

"우리가 선을 행하되 낙심하지 말지니 피곤하지 아니하면 때가 이르매 거두리라"(갈 6:9).

이 말씀에서 '피곤하지 아니하면' 이라는 의미는 '포기하지 아니한다.'는 뜻이다. 그래서 포기하지 않고 계속 선을 행하며 복음을 전하면 반드시 결실이 있는 것이다.

우리는 때때로 한 영혼이 그리스도를 자신의 구세주로 영접하게 되기 전에 씨를 뿌리고, 물을 주고, 거름을 주는데 몇 주일 또는 몇 달이 걸리며 때로는 몇 년씩이나 걸리는 것을 볼 수가 있다. 그러나 성경은 반드시 기쁨으로 거두게 됨을 약속하고 있다.

"눈물을 흘리며 씨를 뿌리는 자는 기쁨으로 거두리로다 울며 씨를 뿌리러 나가는 자는 정녕 기쁨으로 그 단을 가지고 돌아오리라"(시 126:5-6).

복음을 체계적으로 전해야 한다

약국에 가보면 수많은 약들을 진열한 진열장이 있다. 그러나 약사는 환자에게 알 맞는 약이 어디 있는지 알고 있다. 마찬가지로 신구약 성경의 수많은 말씀에서 전도 대상자에게 필요한 말씀이 있는 것이다. 어떤 경우에도 말씀이 없다면 죄인들이 구원을 받을 수 없다. 성경은 이렇게 말씀하고 있다. "그러므로 믿음은 들음에서 나며 들음은 그리스도의 말씀으로 말미암았느니라"(롬 10:17).

우리가 뿌리는 씨앗은 하나님의 말씀이다.

"이 비유는 이러하니라 씨는 하나님의 말씀이요"(눅 8:11).

그러므로 우리는 적절한 때에 적절한 말씀을 사용할 줄 알아야 탁월하게 전할 수 있다. 열린모임에서 복음을 체계적으로 전해야 한다.

잃어버린 영혼을 분별해야 한다

　세상에는 두 종류의 사람들이 있다. 잃어버린 사람과 이미 구원 받은 사람이다. 그러므로 그리스도밖에 있는 사람은 누구나 다 잃어버린 사람이다. 우리는 종종 세상적으로 성공한 사람을 만나면 기가 죽는다. 그러나 그 사람이 구원을 받지 않았다면 잃어버린 불쌍한 사람이다.

　예수님은 사람들을 어떻게 보셨는가? 그분이 세리장 삭개오를 대하는 자세를 보고 교훈을 얻어야 한다. 세상적으로 성공한 삭개오는 하나님이 필요 없는 것처럼 보였다. 그는 안락한 삶을 즐기는 물질주의자요 전통적인 도덕규범과 종교적 관습을 무시하는 성공한 죄인이었다. 그 시대 사람들에게는 삭개오가 그다지 잃어버린 상태에 있는 것처럼 보이지 않았을 것이다. 그때 예수님은 삭개오가 살고 있던 여리고를 지나가시게 되었다. 그런데 이상한 일이 일어났다. 삭개오에게 그런 마음이 있으리라고는 아무도 생각하지 못했는데, 모든 것을 소유하고 있었던 삭개오가 어떤 갈망에 이끌려 거리로 달려 나와 마침내는 예수님을 보려고 나무 위로 올라간 것이다. 예수님은 지나가던 길을 멈추고 삭개오를 부르며 그를 만나 주셨고 구원해 주셨다.

　예수님과 삭개오가 만났을 때 중요한 점은 예수님이 그를 어떻게 보셨느냐는 것이다. 그분은 삭개오를 겉으로 보지 않으셨다.

　그분은 삭개오를 깊이 보셨고, 잃어버린 죄인으로 보셨다.

우리도 관심을 가지고 사람들을 살펴보면 모든 것을 가지고 있는 듯 하면서도 진정한 필요가 채워지지 않은 사람들을 볼 수 있다. 예수님이 삭개오를 보셨던 것처럼 그들의 내면을 살펴보면 비참한 모습을 발견할 수 있다.

우리가 진정한 관심을 가지고 상대방의 말을 들어보면 그들의 내면의 모습을 읽을 수 있다. 아마 사람들은 삭개오를 바라보고 심리적인 치료를 받아야 한다든가 사회적인 회복을 얻어야 한다고 생각할 것이다. 그러나 예수님은 삭개오를 보고 그가 하나님으로부터 분리되었기 때문에 잃어버린 사람으로 보셨다. 우리도 그렇게 볼 수 있어야 그들에게 복음을 전할 수 있다.

사도 바울도 모든 사람을 볼 때 구원받은 사람과 구원받지 못한 사람으로 보았다. 그러므로 사도 바울은 높고 천한 모든 사람들에게 복음을 전했다. 사도행전 26장에서는 아그립바왕에게 복음을 전했다. 예수님은 사도 바울을 이렇게 소개하셨다.

"이 사람은 내 이름을 이방인과 임금들과 이스라엘 자손들 앞에 전하기 위하여 택한 나의 그릇이라"(행 9:15).

그러므로 사도 바울은 이렇게 말했다. "그러므로 우리가 이제부터는 아무 사람도 육체대로 알지 아니하노라"(고후 5:16).

그러므로 전도자는 그리스도밖에 있는 모든 사람을 불쌍한 죄인으로 보고 그들에게 관심을 갖는 사람이 되어야 한다. 그리고 그리스도밖에 있는 사람들은 누구나 지옥에 들어간다는 것을 분명히 믿는다면 우리는 전도할 수밖에 없다.

이 진리를 마음속으로 확신할 때 우리는 열심히 전도할 수 있다. 예수님은 사람들에게 전도하기 위해서 모든 성과 촌을 두루 다니시며 천국 복음을 전파하시고 하나님의 말씀을 가르치셨다(마 9:36).

순수한 동기로 전해야 한다

우리는 전도자로서 무능함을 깨닫고 주님께서 우리를 사용하시도록 간절히 기도해야 한다. 우리는 남에게 인정받기 위하여 전하는 것이 아니다. 우리의 믿음을 자랑하거나 과시하기 위해서 전하는 것이 아니다. 오직 주님을 기쁘게 해 드리기 위해서 영혼들에게 복음을 전하는 것이다.

우리가 교만한 마음을 가질 때 하나님께 더 이상 쓰임 받지 못한다. 주님께서 우리를 사용하실 때, 우리는 쓰임 받는 것만으로도 만족하고 사용하시는 주님을 온전히 의뢰해야 한다. 주님은 이러한 사람을 사용하시며, 이러한 사람을 통해서 수많은 영혼들을 구원하신다.

그러므로 우리가 예수님을 떠나서는 아무 것도 할 수 없다.

그러나 예수님을 통해서 우리는 모든 것을 할 수 있다(요 15:5, 빌 4:13). 인간의 지식과 의지와 능력으로는 다른 사람을 구원할 수 없는 것이다. 그래서 사도 바울은 이렇게 고백했다.

"내가 너희에게 나아가 하나님의 증거를 전할 때에 말과 지혜의 아름다운 것으로 아니하였나니, 내 말과 내 전도함이 지혜의 권하는 말로 하지 아니하고 다만 성령의 나타남과 능력으로 하였다"
(고전 2:1, 4).

희생정신을 가지고 전해야 한다

예수님은 죽을 수밖에 없는 인간들에게 보다 좋은 길을 보여주시기 위하여 하나님 우편 보좌를 버리시고 눈물, 죽음, 미움, 핍박, 편견이 있는 이 세상에 내려 오셨다.

사도 바울은 그 사실을 지적하고 있다.

"너희 안에 이 마음을 품으라 곧 그리스도 예수의 마음이니 그는 근본 하나님의 본체시나 하나님과 동등 됨을 취할 것으로 여기지 아니하시고 오히려 자기를 비어 종의 형체를 가져 사람들과 같이 되었고 사람의 모양으로 나타나셨으매 자기를 낮추시고 죽기까지 복종하셨으니 곧 십자가에 죽으심이라 이러므로 하나님이 그를 지극히 높여 모든 이름 위에 뛰어난 이름을 주사"(빌 2:5-9).

우리도 예수님의 희생정신을 가져야 영혼들을 구원할 수 있다. 참된 희생정신이 없는 그리스도인의 생활 속에는 능력과 기쁨과 열매가 없다. 희생은 결코 쉬운 것이 아니다.

사도 바울이 수많은 사람들을 얻고 그들을 구원시킬 수 있었던 것은 바로 자신의 권리를 포기하는 희생정신이 있었기 때문이다.

"그런즉 내 상이 무엇이냐 내가 복음을 전할 때에 값없이 전하고 복음으로 인하여 내게 있는 권을 다 쓰지 아니하는 이것이로라 내가 모든 사람에게 자유하였으나 스스로 모든 사람에게 종이 된

것은 더 많은 사람을 얻고자 함이라 유대인들에게는 내가 유대인과 같이 된 것은 유대인들을 얻고자 함이요 율법 아래 있는 자들에게는 내가 율법 아래 있지 아니하나 율법 아래 있는 자같이 된 것은 율법 아래 있는 자들을 얻고자 함이요 율법 없는 자에게는 내가 하나님께는 율법 없는 자가 아니요 도리어 그리스도의 율법 아래 있는 자나 율법 없는 자와 같이 된 것은 율법 없는 자들을 얻고자 함이라 약한 자들에게는 내가 약한 자와 같이 된 것은 약한 자들을 얻고자 함이요 여러 사람에게 내가 여러 모양이 된 것은 아무쪼록 몇몇 사람들을 구원코자 함이니 내가 복음을 위하여 모든 것을 행함은 복음에 참예하고자 함이라"(고전 9:18-23).

열등의식을 극복하고 전해야 한다

진정으로 변화된 사람은 열등의식을 극복한 사람이다.

우리는 종종 어떤 사람이 다른 사람을 비난하는 것을 보게 된다. 왜 사람들이 다른 사람을 비난하는 것인가? 많은 경우에 열등의식에 사로 잡혀 있기 때문에 다른 사람을 비난하는 것이다.

사람이 열등의식에 사로잡히면 모든 사람을 지배하려 한다. 그들은 우두머리 노릇을 해야 직성이 풀린다. 그들은 교회에서, 가족관계에서, 직장에서도 다른 사람을 지배하려고 노력한다. 왜냐하면 그렇게 함으로써 자신의 우월감을 나타낼 수 있기 때문이다.

그러므로 우리는 먼저 열등의식을 극복하고 변화되어야 한다.

우리는 진정한 성공자가 되어야 한다.

어떤 사람은 사회적인 성공을 이루고도 비참하게 살아간다.

그들은 성공을 위하여 오르는 데에만 급급하여 자신이 행복한지 불행한지 깨닫지 못한다. 그들은 사업에 너무 바빠서 가족에 대한 책임을 망각해 버린다. 헤밍웨이를 보라. 그는 세계에서 가장 우수한 작가로 성공한 사람이었다. 그러나 그는 인생의 실패자이다. 그는 몇 번이나 결혼을 하고 자기 마음대로 살았다. 어떤 작가는 그를 모든 법을 깨뜨린 사람, 자기의 죄의 대가를 받은 사람이라고 평가했다. 그는 세상을 떠나기 삼 년 전에 자기가 가졌던 지적인 능력의 4분의 3을 잃었다. 그는 마침내 자기의 머리를 쏘아 자살함으로써 인생의 종지부를 찍었다.

마리린 몬로도 한 때 영화계의 정상을 달린 사람이다. 그러나 그들은 인생의 실패자이다. 많은 사람들은 자신의 명예를 위해서 성공하려고 노력한다. 자신에 대하여 우월감을 가지고 자신을 자랑하고 자신을 높여서 다른 사람들을 내려다보려고 성공을 꿈꾸는 것이다. 솔로몬은 지혜자로서 자신의 경험을 통해서 그러한 성공이 헛된 것이라는 것을 잘 지적했다. 전도서 2장 1-12절에 등장하는 사람의 문제는 바로 자기 자신이다. 그는 만사를 자기를 위해서 자기 마음대로 살았던 인물이다. 그는 자기 자신을 위해서 집도 짓고, 포도원도 만들고, 여러 동산도 만들고, 큰 연못도 만들고, 과수원을 만들고, 수많은 과일나무를 심고, 노비도 많이 사고, 소와

양떼의 소유를 많게 하고, 은금과 보물을 많이 모으고, 노래하는 남녀를 두고, 처와 첩을 많이 두었다. 그는 원하는 것은 다 해보았다. 자기 마음을 기쁘게 하기 위해서 모든 것을 다 해보았다. 그는 세상에서 제일 성공한 사람이었다. 어떤 사람들은 이 사람을 보고 부러워 할 것이다. 그러나 지혜자 솔로몬은 세상적인 성공을 어떻게 평가하고 있는가? 성경은 이렇게 말씀하고 있다. "그 후에 본즉 내 손으로 한 모든 일과 수고한 모든 수고가 다 헛되어 바람을 잡으려는 것이며 해 아래서 무익한 것이로다"(전 2:11).

그는 왜 모든 것이 헛된 것이라고 결론을 내렸는가?

그것은 하나님이나 이웃을 위해서 행한 것이 없기 때문이다.

전도서 2장 1-12절의 어디에도 하나님을 위해서나 이웃을 위해서 어떤 일을 행하였다는 기록이 없다.

그러므로 그는 결코 성공자가 아니다.

그는 잘못된 동기로 인생을 살았던 것이다.

그러므로 우리는 인생의 진정한 성취자가 되어야 한다.

우리의 목표는 하나님의 영광을 위해서 살아야 한다.

우리는 우리가 될 수 있는 최선의 사람이 되면 되는 것이다.

다른 사람과 비교할 필요가 없는 것이다.

다른 사람과 비교할 때 열등의식이 생기며 죄책감이 생기게 된다. 우리가 남이 되려고 노력할 이유는 없다. 하나님은 우리를 독특하게 개성 있게 창조하셨다. 그래서 우리는 우리 각자를 있는 그대로 받아 드리고 용납해야 한다.

우리의 진정한 성공은 십자가에서 발견할 수 있다.

우리는 십자가 안에서 영광을 얻고 높아지며

하나님 앞에서도 당당해 진다.

우리는 바로 십자가에서 용서받았다.

십자가 앞에서는 아무도 우리를 비난할 수 없다.

십자가 앞에서는 우리는 당당하게 설 수 있다.

사람들을 정죄하지 않고 전해야 한다

로살린 링커(Rosalind Rinker)는 전도를 이렇게 설명한다. "전도란 한 거지가 다른 거지에게 빵을 발견할 수 있는 곳을 말해 주는 것이다. 따라서 우리는 둘 다 거지이다. 상대방 보다 더 거룩한 위치에 서 있는 거지는 없다. 빵을 발견한 거지일지라도 그의 발견이 계급적 지위를 변화시킬 수 없다. 우리가 전도자로서 겸손한 자세를 취할 때 전도 대상자들이 우리에게 귀를 기울일 것이다. 그렇지 않다면 우리는 이미 전도 대상자들을 잃을 것이다."

겸손한 전도자는 마음이 상한 자들에게 돌을 던지지 않는다.

이 세상의 문제는 인간이 인간을 비난하고 심판하는 것이다.

그러므로 겸손한 전도자는 "내가 거룩하니 나를 바라보시오."라는 태도로 죄인들에게 나아가지 않는다.

사도 바울은 성숙하고 겸손한 그리스도인의 태도를 소개하고 있다. "형제들아 사람이 만일 무슨 범죄한 일이 드러나거든 신령한 너희는 온유한 심령으로 그러한 자를 바로 잡고 네 자신을 돌아보아 너도 시험을 받을까 두려워하라"(갈 6:1).

그러므로 성공적인 전도자는 우월감을 가지고 전도하지 않는다. 다른 사람을 심판하는 자세로 전도하지 않는다.

예수님은 삭개오를 심판하지 않았다.

그분은 삭개오가 소외된 사람이라는 것을 알고 있었으나 그에게 지옥을 설교하지 않았다. 그는 단지 '삭개오야, 내려오너라. 내가 오늘 네 집에 유하여야겠다' 라고 말씀하셨을 뿐이다. 예수님의 사랑을 받은 삭개오는 그의 죄를 직시하게 되었고 구원을 찾게 되었다. 예수님은 심판하러 오신 것이 아니고 구원하러 오셨다.

이제 우리도 다른 사람에게 나아가서 이렇게 말해야 한다.

"나도 당신과 마찬가지입니다. 우리 둘 다 실패했습니다. 나는 당신과 같습니다. 나는 가면을 벗고 내 실패와 편견을 인정했습니다. 그런데 빛 되신 예수 그리스도를 당신에게 소개하겠습니다. 나는 온전한 사람이 못됩니다. 나는 아직 완전해진 것은 아닙니다. 그러나 예수님 덕분에 예전과는 많이 달라졌습니다."

이것이 복음을 전하는 사람의 진정한 태도이다.

그리고 우리는 전도자이지 심판자가 아니다. 전도를 하는 것은 우리의 책임이다. 심판을 하는 것은 하나님의 책임이다.

- **적용** / 관계 맺기 1단계 : BEST와 차 마시기
- **기도** / BEST를 위해 함께 간절히 부르짖으며 기도하자

12

전도소그룹 열린모임은 은혜롭게 전하는 운동이다.

복음을 전하는 우리는 하나님의 은혜를 체험해야 한다.

우리가 하나님의 은혜를 체험해야 삶이 달라질 수 있다. 우리 자신이 변화될 뿐만 아니라 우리의 주위를 변화시킬 수 있다. 그러므로 우리는하나님의 은혜를 깊이 체험해야 한다.

하나님께 은혜를 체험한 사람은 하나님의 깊은 사랑을 깨닫고 그 사랑에 푹 빠진 사람이다. 하나님의 은혜를 체험하고 삶이 완전히 변화되어 주님께 헌신한 사람이다. 성경을 보면 하나님의 은혜를 받은 사람들이 등장한다.

내가 복음전도의 사명을 깨달아야 한다.

이사야 6장 5절부터 8절 말씀을 보라. "그때에 내가 말하되 화로다 나여 망하게 되었도다 나는 입술이 부정한 사람이요 입술이 부정한 백성 중에 거하면서 만군의 여호와이신 왕을 뵈었음이로다" 이 말씀에서 '화로다 나여 망하게 되었도다.' 라는 말씀의 의미가 무엇인가? "나는 이제 큰일 났다. 나는 이제 망한다. 나는 이제 지옥에 갈 수밖에 없구나." 이것은 자신의 죄인 됨을 깊이 깨달은 것이다. 왜 그런가? 그것은 죄인이 거룩하신 하나님을 만났기 때문이다. 죄인이 하나님을 만났으니 당연히 심판을 당하고, 재앙을 당하고, 멸망할 수밖에 없다. 그래서 그는 망하게 되었다고 고백한다. 이것은 자신이 죄인인 것을 알았다는 의미요, 그래서 그는 망하게 되었다고 고백한다. 이것은 자신이 죄인인 것을 안타까워하는 것이다. 그러면 그 사람이 어떤 태도를 취하겠는가?

"아! 나는 이제 큰일 났구나!"

"나는 이제 죽으면 지옥이구나!"

이 사람은 죄를 해결하기 위해서 몸부림을 칠 것이다. 밤이 되어도 잠을 잘 수 없다. 그 해결책이 먼 나라에 있다고 해도 그 해결책을 찾아서 기꺼이 그곳에 갈 것이다. 하늘 위에 있어도, 바다 끝에 있어도, 높은 산꼭대기에 있어도 그 해결책을 찾아갈 것이다. 어떤 대가를 지불하라면 무엇이라도 지불할 것이다.

죄 문제로, 구원 문제로, 죄 사함을 받기 위해서, 영생을 얻기 위해서 몸부림을 쳐보았는가? 갈등해 보았는가? 고민해 보았는가? 이사야는 이러한 갈등을 이사야 6장 5절에서 하고 있다.

그러나 이제 이사야는 이사야 6장 7절에서 그러한 죄 문제를 해결하고 죄 사함을 받았다.

"네 악이 제하여 졌고 네 죄가 사하여 졌느니라."

그 때 이사야는 너무나 기뻤다. 그는 죄 문제를 해결하고 더 이상 갈등하지 않았다. 그래서 그는 하나님의 엄청난 은혜를 체험했다. 그러나 그것으로 끝나는 것이 아니다. 하나님의 은혜를 체험한 사람은 그 다음 단계로 나아간다.

내가 하나님의 음성을 들어야 한다

하나님의 은혜를 체험한 사람은 하나님의 음성을 듣게 된다.

성경은 이렇게 말씀하고 있다. "내가 또 주의 목소리를 들은즉 이르시되 내가 누구를 보내며 누가 우리를 위하여 갈꼬"(사 6:8). '내가 주의 목소리를 들은즉' 주님은 하나님의 은혜를 체험한 사람을 부르신다. 주님께서는 하나님의 은혜를 체험한 사람에게 이렇게 말씀하신다.

"누가 나의 사랑을 전하겠느냐?"

"누가 저 죽어 가는 불쌍한 영혼들을 건져내겠느냐?"

"누가 불타는 지옥에서 저 불쌍한 영혼들을 건져내겠느냐?"

이사야는 주님의 음성을 분명히 듣고 그 음성에 응답했다.

"그때에 내가 가로되 내가 여기 있나이다 나를 보내소서"(사 6:8). 이 말씀의 의미가 무엇인가?

"오! 하나님, 제가 여기 있습니다. 저를 보내 주십시오. 제가 주님의 사랑을 전하겠습니다. 제가 저 불쌍한 영혼들을 지옥에서 건져내겠습니다. 저를 사용해 주십시오. 내가 여기 있습니다.

나를 보내 주십시오."

하나님께서는 이렇게 헌신된 사람들에게 하나님의 말씀을 주신다. 그리고 그 말씀을 전할 입을 주신다. 그러므로 이사야는 은혜를 체험한 사람이다. 뿐만 아니라 하나님의 은혜를 체험하고 죄 사함을 받은 사람은 당당하고 자신감이 있다. 이사야를 보라. 죄문제를 해결하기 전에는 두려워서 벌벌 떨었지만 이제는 죄문제를 해결하고 당당한 사람이 되었다. 얼마나 자신 있는가?

누구든지 죄문제를 해결하면 당당해 진다.

십자가의 두 가지의 교훈을 깨달아야 한다

예수님이 십자가에서 피 흘려 죽으신 이유가 무엇인가?

첫째로 우리의 모든 죄를 용서하기 위해서 죽으셨다.

우리의 죄의 값을 지불하시기 위하여 죽으셨다.

그러나 우리는 십자가에서 또 다른 교훈을 배울 수 있다.

둘째로 우리가 주님을 위해서 살아가라고 죽으셨다.

우리가 하나님의 엄청난 사랑을 깨달았다면 이제 예수님을 주인으로 모시고 그분만을 위해서 살아가야 한다.

그래서 성경은 이렇게 말씀하고 있다.

"그리스도의 사랑이 우리를 강권하시는도다 우리가 생각건대 한 사람이 모든 사람을 대신하여 죽었은즉 모든 사람이 죽은 것이라 저가 모든 사람을 대신하여 죽으심은 산 자들로 하여금 다시는 저희 자신을 위하여 살지 않고 오직 저희를 대신하여 죽었다가 다시 사신 자를 위하여 살게 하려 함이니라"(고후 5:14-15).

이 말씀을 보면, 우리가 죄의 값으로 죽어야 하는데 예수님께서 우리를 대신해서 죽어 주셨기 때문에 우리는 이제 없는 것이다.

우리는 이제 죽은 것이다. 그리고 이 말씀에서는 예수님이 우리의 죄의 값을 지불하기 위해서 죽었다는 말보다는 우리가 예수님을 위해서 살아아 함을 강조히고 있다.

"저가 모든 사람을 대신하여 죽으심은"

이 말씀은 분명히 예수님이 죽으신 이유를 말하고 있다.

그러면 그 이유가 무엇인가? "산 자들로 하여금" 이 말씀은 예수 믿고 구원받아 영생을 얻어 죄와 허물가운데서 살아난 우리를 지칭한다. 그러므로 우리는 다시는 우리 자신을 위하여 이기적으로 살아가지 않고, 오직 예수님만을 위하여 살아가라고 예수님께서 죽으신 것이다. 그래서 성경은 이렇게 말씀하고 있다.

"그가 우리를 대신하여 자신을 주심은 모든 불법에서 우리를 구속하시고 우리를 깨끗하게 하사 선한 일에 열심하는 친 백성이 되게 하려 하심이니라"(딛 2:14). 여기서도 선한 사역에 열심 내는 친 백성이 되라고 우리를 대신하여 예수님이 자신을 주셨다고 말씀하고 있다. 우리도 이제 하나님의 영광을 위해서 복음을 전하는 전도자가 되어야 한다.

■ 적용

① 관계 맺기 1단계 : Best와 차 마시기, 진행상황 나누기

② 관계 맺기 2단계 : 간단한(부담스럽지 않는) 선물하기

여기서 새롭게 깨달은 것 중 개인적으로 적용하여 실천하고자 하는 것을 기록한 후 서로 나누어 보자. 관계를 맺고, 만나서 전하고, 배가를 하자. 더하기 번식이 아니고 반드시 승법 번식을 하자.

■ 기도

BEST의 마음을 열어 달라고 간절히 부르짖으며 기도하자.